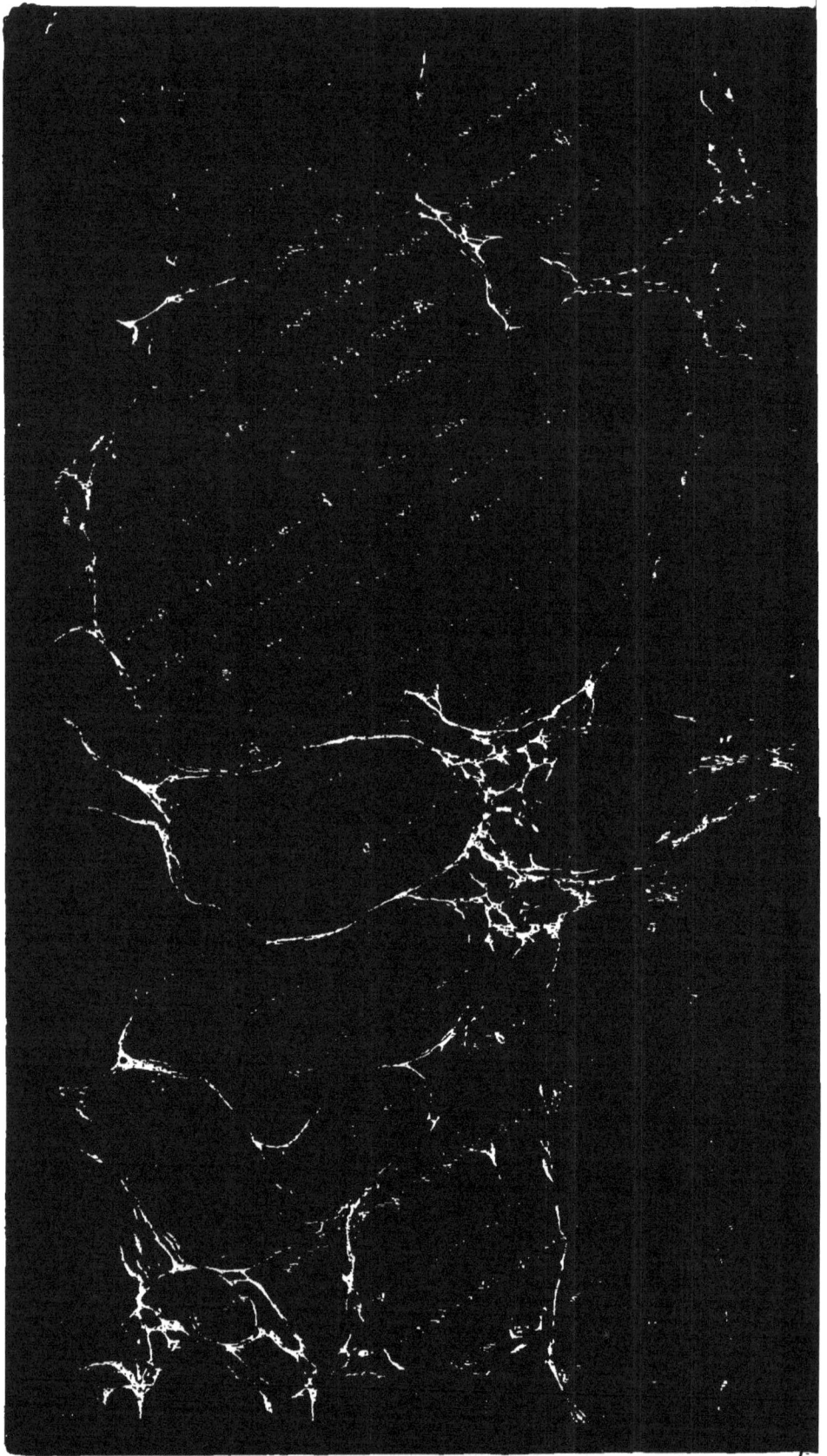

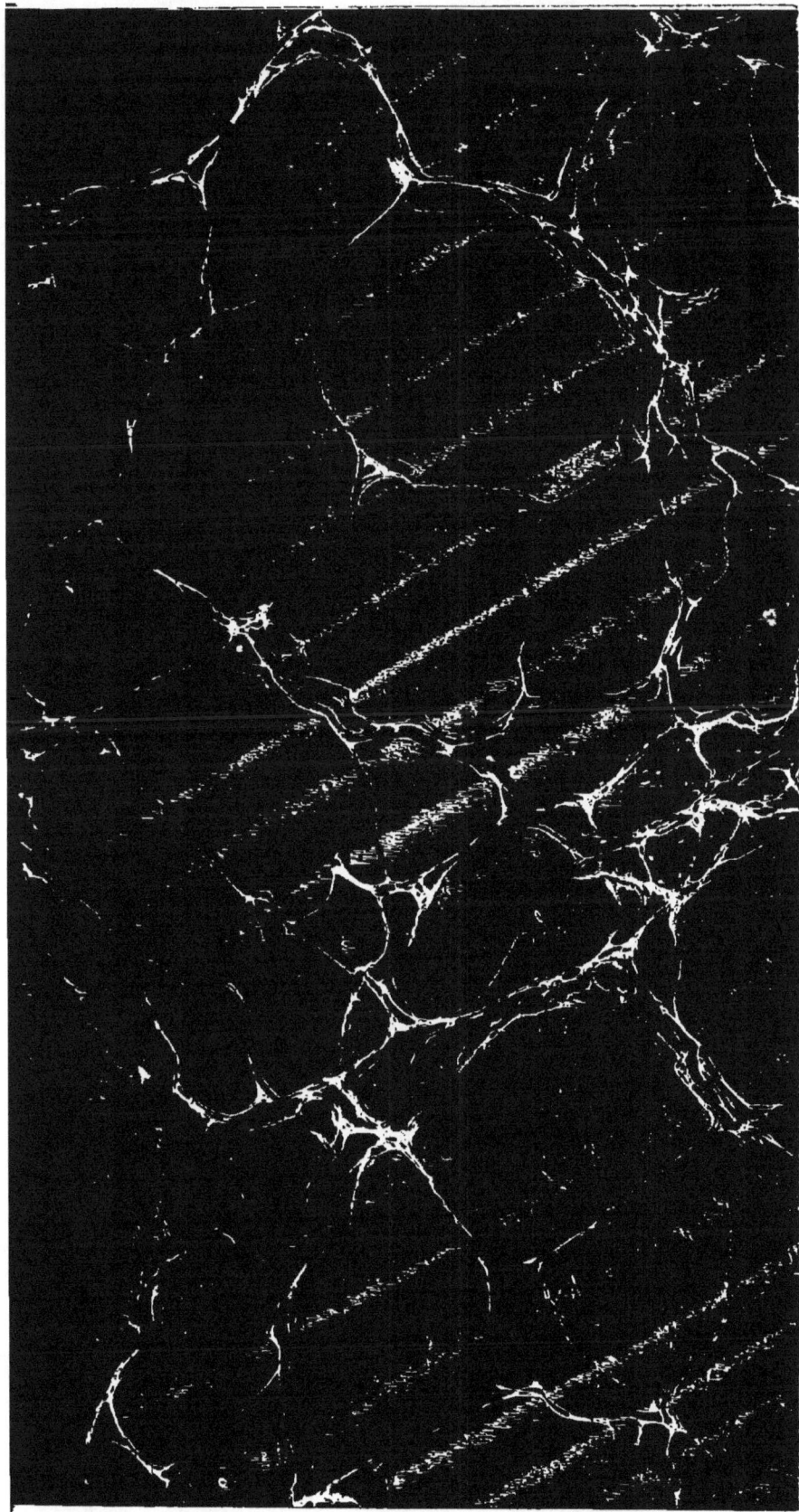

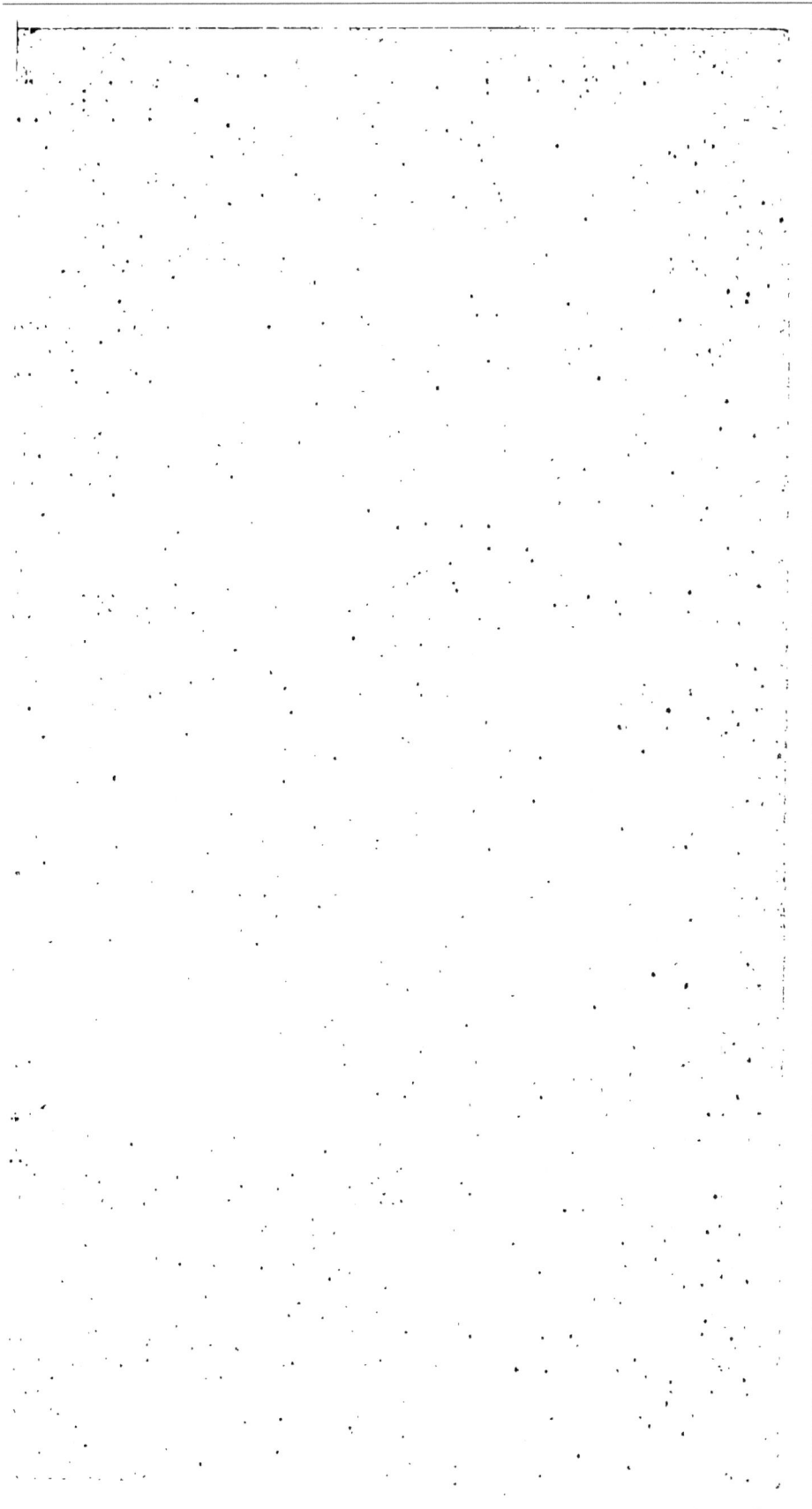

Lk⁷ 671

NOTICE

SUR L'ÉGLISE DE SAINT-AGRICOL,

DANS AVIGNON.

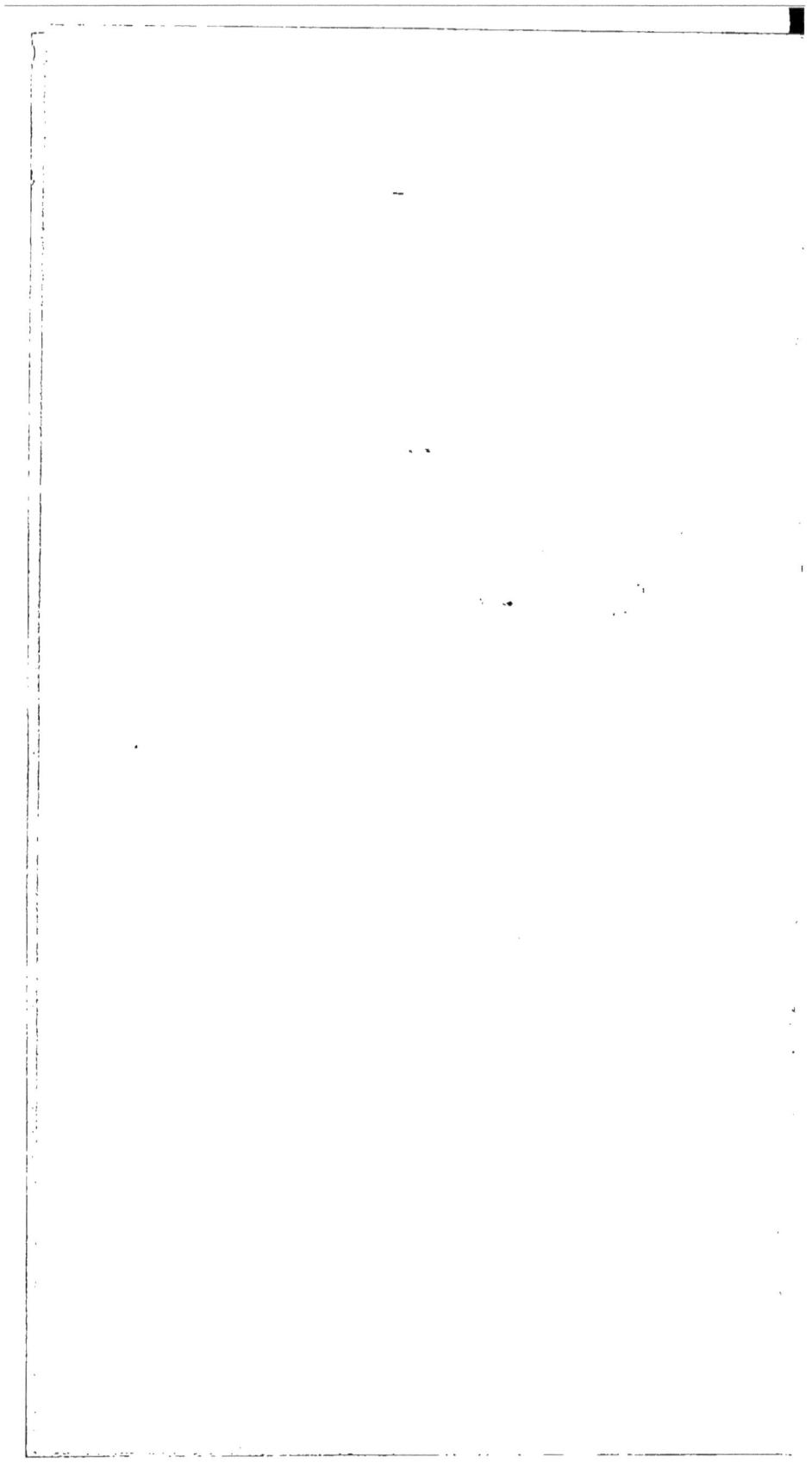

NOTICE

HISTORIQUE ET ARTISTIQUE

SUR

L'ÉGLISE PAROISSIALE

DE SAINT-AGRICOL

DANS AVIGNON,

Par l'Abbé J. Moutonnet.

AVIGNON,

L. AUBANEL, IMPRIMEUR DE L'ARCHEVÊCHÉ.

1842.

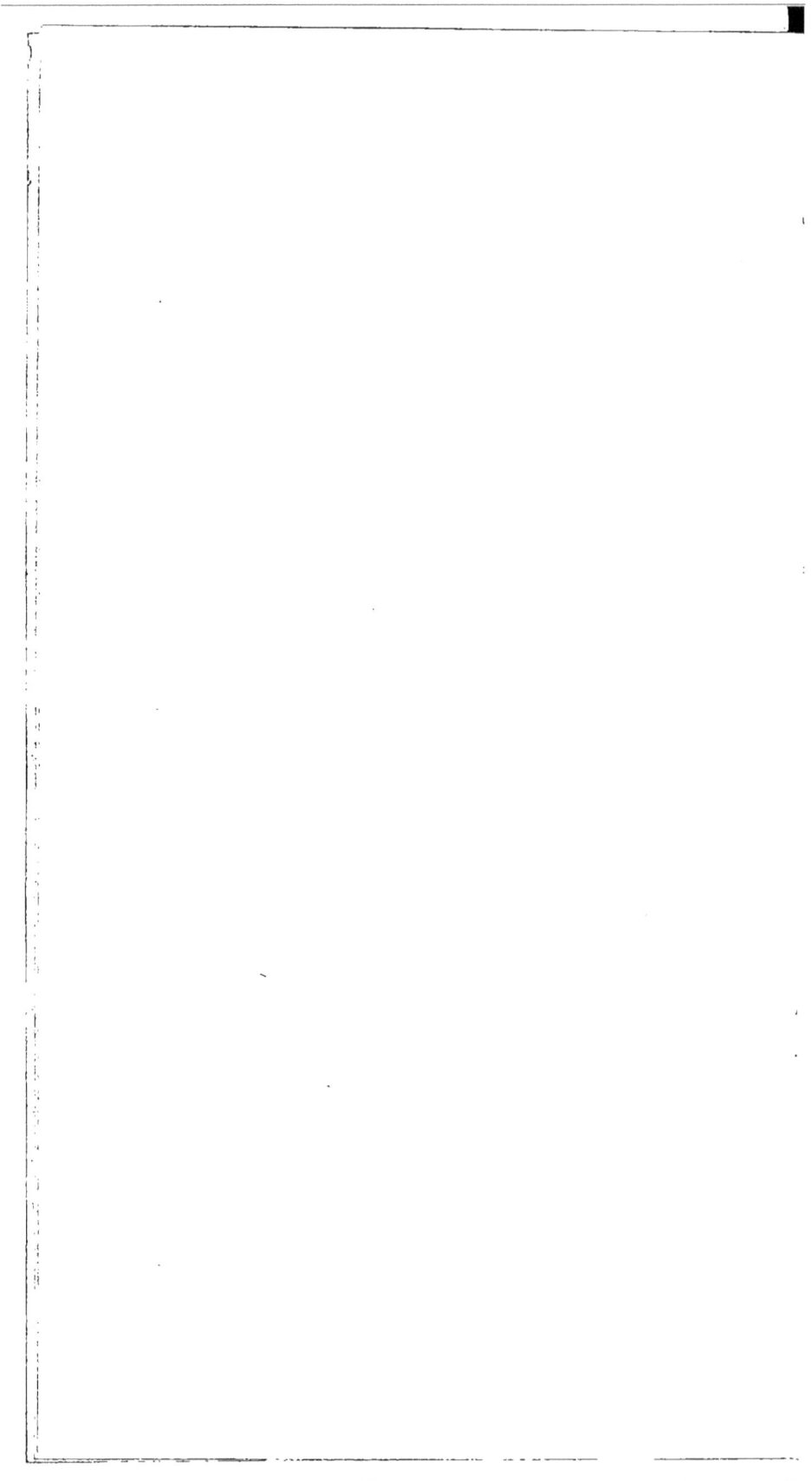

Au glorieux

SAINT AGRICOL

ÉVÊQUE ET PATRON

DE LA VILLE D'AVIGNON.

PRÉFACE.

LE torrent philosophique est passé et les hommes de la science ont compris le catholicisme; une sainte croisade est entreprise en faveur de l'art chrétien du moyen âge; le style gothique si long temps objet de dédain et de mépris est apprécié, et de toute part en France une puissante réaction s'opère en sa faveur. Serait-il permis au prêtre de se montrer indifférent en présence d'une pareille manifestation? Non sans doute, et nous aussi, nous apportons notre pierre à l'édifice qui s'élève à la gloire de la Religion et des Arts.

Nous avons étudié l'église de Saint-Agricol; c'est le monument religieux le plus intéressant que notre cité possède encore après tant de ruines. Nous avons taché d'en connaître l'histoire, d'en comprendre et d'en expliquer le symbolisme. « N'est-ce pas une belle œuvre, dit un archéologue, de suivre sur la pierre des édifices, le travail et la pensée des siècles ? »

Notre intention toutefois en écrivant cette notice a été moins de faire un ouvrage savant qu'une œuvre paroissiale, ce qui nous a engagé à traduire en français un grand nombre d'inscriptions latines. Nous pourrions dire avec bien plus de raisons que M. de Montalembert, en ce qui touche à l'art : « Je n'ai la pré- « tention de rien savoir, je n'ai que celle « de beaucoup aimer; » mais beaucoup aimer l'art c'est l'étudier, beaucoup aimer l'art c'est ne compter pour rien le travail le plus laborieux, les recherches les plus pénibles et les veilles les plus fatigantes.

Dire comment nous avons été engagé à entreprendre cette notice, serait inutile, mais s'il est vrai que souvent les circonstances font les hommes, il ne l'est pas moins que souvent les circonstances font les écrivains.

Nous avons divisé notre notice en deux parties, la première est historique et la seconde est artistique. Étudier l'histoire de l'édifice, et ensuite le décrire avec les monumens qu'il renferme, c'est la marche qui nous a paru la plus naturelle. Nous n'avons rien épargné pour rendre cet opuscule intéressant et édifiant pour la population Avignonnaise. Parler à Avignon de l'église de Saint-Agricol, c'est rappeler son antique gloire, puisque Saint-Agricol est un souve-

nir de l'immortel pontife Jean **XXII** :
c'est renouveler la dévotion salutaire
envers le saint Patron qui répandit tant
de faveurs sur une cité de tout temps
si dévouée à son culte ; c'est seconder
les efforts du pasteur infatigable, que
la Providence a placé à la tête de la première paroisse du Diocèse.

La division dans les pensées, c'est la
grande plaie du siècle : ramener à l'u-
nité, resserrer les liens de famille, par
l'esprit paroissial, car la paroisse est le
centre, la maison-mère de toute une population, c'est travailler au bonheur de
tous, et c'est là par excellence l'œuvre
du Sacerdoce. Fasse le Ciel que nous
ayons dignement rempli notre tache,
et nous aurons accompli un devoir de
prêtre et de vicaire.

BIOGRAPHIE DE SAINT-AGRICOL.

———»·❀·«———

VANT d'entrer dans le détail des diverses
transformations qu'a éprouvées l'église de
Saint-Agricol, nous jugeons convenable de
dire quelques mots sur la vie du saint dont
elle porte le nom et qui en outre a été son premier fondateur.

Saint-Agricol, patron de la ville d'Avignon,
appartint par sa naissance à l'illustre famille

des Albains, reste précieux de cette noblesse romaine que la beauté de nos climats avait attirée dans ce centre des premières conquêtes que firent dans les Gaules les triomphateurs du monde. Il naquit à Avignon même, vers l'an 630, sous le pontificat d'Honorius Ier et le règne de Clotaire II. Dès l'enfance, son cœur docile à la douce influence de Magne son père, sembla né pour les grandes choses auxquelles il était destiné dans l'Église de Dieu. Magne, quel nom cher aux Avignonais ! Notre ville le compte au nombre de ses plus saints pontifes, et l'Eglise lui a dressé des autels. Avant d'entrer dans la cléricature, il avait épousé Austadiale ou Gandaltrude dont le nom semble indiquer l'origine Gauloise, dame aussi recommandable par ses vertus que par sa naissance. Si la sagesse d'un époux et la gloire d'un fils font la félicité de la femme chrétienne, Gandaltrude fut assurément une des mères les plus heureuses.

Agé de 14 ans, Agricol fut envoyé au monastère de Lérins. Là, dans le silence de la retraite, il se livra à l'étude des sciences et de la piété, qui plus tard en firent un docteur et un saint.

Engagé dans les ordres sacrés, Agricol retourna à Avignon où il fut revêtu par son père de la dignité d'archidiacre. Il remplit les augustes fonctions qui lui avaient été confiées, avec tant de zèle et d'édification que le clergé et le peuple n'eurent qu'une voix pour le proclamer successeur du vénérable pontife à qui la vieillesse ne permettait plus de supporter les fatigues du ministère pastoral.

Les vertus qui font les saints prélats furent celles d'Agricol. Il devint véritablement la bonne odeur de Jésus-Christ pour la vie de ses ouailles. Attirée par ses prédications, la foule se pressait autour du saint évêque et bientôt la Métropole ne fut plus capable de la contenir. C'est alors qu'Agricol fit construire dans l'intérieur de la ville une autre église sur les débris de laquelle s'élève le temple magnifique qui porte son nom aujourd'hui. Plein de jours et pleuré de son peuple, il fut recevoir la couronne que le juste juge réserve à ceux qui ont vaillamment combattu les combats du Seigneur, (le 2 septembre) vers la fin du VIIIe siècle, à l'âge de 70 ans, dont il avait passé 40 dans l'épiscopat.

NOTICE

SUR L'ÉGLISE DE SAINT-AGRICOL.

———☙❦☙———

PARTIE HISTORIQUE.

———☙❦☙———

CHAPITRE I.

Fondation de l'Église de Saint-Agricol.

L'ÉGLISE de Saint-Agricol a donc été construite pour suppléer à l'insuffisance de l'antique Métropole. Son fondateur était alors dans la force de l'âge, n'ayant que 50 ans. Les premiers ouvriers appelés à desservir cette nouvelle succursale de l'Église-mère, furent des moines de Lérins. Le monastère de ce nom fondé vers la fin du IV⁰ siècle par saint Honorat, était comme un séminaire d'évêques. Notre saint patron y avait lui-même reçu son éducation cléricale, et plus que personne il était capable de connaître le mérite de ces nouveaux collaborateurs.

L'auteur (1) de l'inventaire des titres de cette église
déposé aux archives de la Préfecture dit, qu'après la
bienheureuse mort du saint fondateur, cette même
église le prit pour son titulaire et son patron; mais cette
assertion est gratuite ; l'église dut porter pendant quelque tems au moins le titre du saint qu'Agricol lui avait
donné pour vocable. La seule preuve à l'appui de ce
sentiment est un acte du mois de décembre 1272 dressé
au sujet d'une contestation élevée entre le prieur de
Saint-Agricol et un voisin du cimetière attenant, qui
en avait usurpé une partie. Dans ce document le représentant de l'église est qualifié de prieur de Saint-Agricol;
mais l'édifice élevé par ce saint n'a eu qu'un demi siècle d'existence, comme nous le verrons dans le chapitre suivant. Il est bien plus probable, pour ne pas
dire certain que l'église de St.-Agricol n'a porté ce nom
qu'après sa restauration sur la fin du neuvième siècle.

Les religieux de Lérins installés dans ce nouveau
sanctuaire y introduisirent l'usage de chanter à deux
chœurs les louanges de Dieu. Le pape Damase l'avait
institué à Rome vers le milieu du quatrième siècle et

(1) Peu avant la révolution qui a fait disparaître tant de
précieux documens sur les temps anciens, un inventaire des
titres de l'église de St.-Agricol fut fait sur les titres mêmes
alors existants.

La modestie nous a dérobé le nom de cet auteur. Il était chanoine de St.-Agricol: il nous apprend lui-même qu'il a tra-
vaillé plusieurs années à son inventaire qui porte en date 1777.
Ce précieux manuscrit, renferme une infinité de détails que
l'on ne saurait révoquer en doute et dont nous saurons faire
usage.

peu après à la fin de la même période saint Ambroise l'avait adopté dans sa cathédrale de Milan.

Le roi Pépin introduisit aussi le même usage en France, l'an 757 selon la chronologie de Longueval, 77 ans après que St.-Agricol l'avait reçu dans Avignon. Ainsi St.-Agricol serait le premier temple public du midi dont les voûtes auraient retenti des sublimes inspirations du psalmiste, chantées à deux chœurs. Ce mode de réciter les saints cantiques convenait d'autant mieux à la majesté du culte catholique que cette époque 757 concorde avec celle de l'introduction dans nos cathédrales du plus sonore, du plus harmonieux instrument de musique, l'orgue. Constantin-Copronyme envoya à Pepin des ambassadeurs qui au nom de leur maître, lui présentèrent un orgue que nos historiens assurent être le premier qu'on ait entendu en France.

Un savant antiquaire de notre ville prétend dans un article imprimé dans l'*Écho de Vaucluse* (sept juillet 1836, nᵒ 520) que l'église qui existait avant 1321 ne consistait que dans la seule chapelle dédiée au saint Esprit, et aujourd'hui connue sous le nom de chapelle de Saint-Agricol ; c'est la première à droite en entrant par la porte de l'Ouest ; nous ne saurions être de son sentiment. L'honorable chronologiste d'Avignon prouve très bien que cette chapelle n'a pas toujours appartenu à l'édifice actuel. Sa construction singulière, son arceau irrégulier, son clochetton qui existait naguères en font foi et en sont de sûrs garants ; mais nous ne voyons pas que delà il soit rigoureux de tirer la conclusion que nous combattons.

D'après la légende du saint, confirmé par Nouguier,

dans son histoire des évêques et de l'église d'Avignon,
St-Agricol fut construit pour suppléer à l'insuffisance
de la Métropole qui devint incapable de contenir la
foule pieusement avide de la parole du saint pasteur.
« Les soins, le zèle, les instructions du saint prélat
« ne furent pas sans fruit. Le nombre des fidèles aug-
« menta de jour en jour, et la cathédrale le seul tem-
« ple qu'il y eut alors à Avignon, ne suffit bientôt plus
« pour les contenir. Agricol fit bâtir une église plus
« spatieuse, en consacrant à cette pieuse fondation
« une portion de l'héritage qu'il avait reçu de sa fa-
« mille. » (1)

Il faudrait donc dire, quoiqu'il soit impossible d'assi-
gner les limites du monument à cette époque, que St.-
Agricol, lors de sa fondation a eu plus d'étendue que ne
lui en attribue l'auteur de l'article précité. Cet argument
acquiert une bien plus forte probabilité, si l'on admet
avec l'auteur du supplément à la vie des saints et avec
les autres parmi lesquels on peut compter Grégoire
de Tours, qu'Avignon n'avait alors d'autre église que
Notre-Dame-des-Doms. Sentiment qui ne saurait être
affaibli par ce qu'a rêvé à ce sujet dom Polycarpe de la
Rivière, assez connu par ses paradoxes. (2)

(1) Godescard, Supplém. mois de septemb.

(2) Dom Polycarpe était du Velay, c'est tout ce qu'on a pu
découvrir sur son origine, il fut reçu à la grande Chartreuse en
1608, après avoir été prieur de plusieurs monastères de son
ordre, il finit par l'être de Bonpas en 1631. Il se démit de
sa charge pour s'occupper uniquement de l'étude. Redevenu
simple religieux Dom Polycarpe demanda et obtint la permis-
sion d'aller prendre les bains de Digne ou de Balaruc; il partit

D'ailleurs l'inscription romane que l'on trouve sous le cul-de-lampe de l'ancienne tribune porte en propres termes que la chapelle dite du Saint-Esprit aujourd'hui de Saint-Agricol a été l'église de l'aumône de la petite Fusterie et non pas celle de notre saint Patron. Or, nous savons que l'édifice construit par ce saint évêque portait son nom avant l'époque assignée par le correspondant de l'Écho de Vaucluse et non celui de l'aumône de la Petite Fusterie.

Enfin, la preuve est décisive, une autre inscription gothique que nous rapporterons en son lieu et que l'on trouve dans la chapelle même du Saint-Esprit, nous donne la date précise (1391) de l'érection de cette chapelle et nous connaissons par l'autre monument celle de sa réunion à l'église proprement dite de Saint-Agricol. Si l'ancienne chapelle de sainte Apollonie qui fait face à celle du Saint-Esprit, a la forme d'un porche c'est qu'il était impossible à l'architecte de lui donner plus d'étendue, sans obstruer entièrement la rue Géline qui est par derrière; mais sainte Apollonie n'a jamais été la porte d'entrée d'un Saint-Agricol qui n'a jamais existé.

---

et ce fut pour ne plus reparaître, sans qu'on ait jamais pu découvrir ce qu'il était devenu. Le monde savant raisonna beaucoup sur cette étrange disparition. On accuse Dom Polycarpe d'avoir tronqué et embelli l'histoire d'Avignon. Voyez Eusèbe Didier, panég. de St.-Agricol, disc. prélim. page 15.

CHAPITRE II.

Saint-Agricol ruiné par les Sarrasins.

Au milieu du huitième siècle, vers l'an 731 les Sarrasins d'Afrique après avoir ravagé l'Espagne sous la conduite d'Abdérame, attirés dans ce beau pays par la vengeance du trop célèbre comte Julien fondirent sur les Gaules pour en faire un monceau de ruines. C'était, dit Longueval, une nation barbare, en qui une impétuosité féroce tenait lieu de bravoure. Sa religion conforme à ses mœurs, était un mahométisme mêlé d'idolâtrie. Ces peuples trop stupides pour découvrir les impostures de Mahomet étaient assez grossiers pour goûter sa voluptueuse morale, et à l'exemple de leur prophète, ils prêchaient l'Alcoran les armes à la main. Ces hideux fanatiques se ruaient partout où se présentait un espoir de butin et de pillage. Les églises et les monastères furent surtout le théâtre de leurs brutales passions.

Dans cette désolation générale du Midi, St.-Agricol ne fut pas épargné. Cette église qui ne comptait encore qu'un demi-siècle d'existence depuis sa fondation fut dévastée et presque entièrement ruinée. Les religieux de Lérins qui la desservaient furent contraints d'en abandonner le service, supposé qu'ils n'aient pas été

comme tant d'autres , immolés aux pieds des saints
autels. Jean II vingt-troisième évêque d'Avignon
occupait alors le siége de cette ville.

Saint-Agricol resta environ 150 ans dans cet état de
dégradation jusqu'à ce que Foulques (1) qui fut notre
vingt-septième pasteur, vint le relever de ses ruines.
Ce prélat l'ayant trouvé abandonné de ceux que le saint
fondateur lui avait donnés pour chefs l'érigea en prieuré
paroissial , état de choses qui a continué jusques au règne du pape Jean XXII,

CHAPITRE III.

Saint - Agricol sous Jean XXII.

ous les auteurs qui ont traité de l'historique de
notre église s'accordent pour dire qu'elle a subi à cette
époque de notables modifications ; mais quelles sont
ces modifications ?

Le zélé marguillier, auteur d'une première notice
n'attribue à Jean XXII que la fondation du chapitre et

(1) Fulcherius ou Foulques II vingt-septième évêque d'Avignon, l'an 911. On lui attribue aussi la restauration de Saint-
Pierre et de Saint-Didier : on sait que saint Agricol passe pour
le fondateur de ces deux églises.

renvoie la construction de l'église à trois nefs à l'année 1520.

L'auteur de l'article inséré dans l'Écho de Vaucluse attribue de plus au même pontife l'agrandissement de Saint-Agricol, à la même date 1321, et il place la construction des nefs à l'an 1420. Ce travail selon lui n'aurait été terminé qu'à la fin du quinzième siècle.

Eusèbe Didier (1) est à peu près du même sentiment. Voici ses paroles : « Jean XXII, en fondant un chapitre dans Saint-Agricol, le mit sans doute en état de le recevoir. C'est ainsi que les églises de Saint-Pierre et de Saint-Didier furent agrandies lorsqu'on voulut les ériger en collégiales. La révision qu'on fait des archives du chapitre de Saint-Agricol, fournira peut-être après coup les éclaircissemens que j'ai inutilement recherchés sur l'église actuelle, très certainement postérieure à Jean XXII du temps de qui l'écu à trois clefs si souvent répété sur la grande porte ne formait point encore les armoiries de la ville. »

Cet auteur soupçonne dom Polycarpe d'avoir fait disparaître les mémoires concernant cette époque obscure, disant qu'il pouvait les tenir d'un chanoine de Saint-Agricol nommé Mazeli.

En cela ces messieurs contredisent formellement l'historien Fantoni qui dit expressément dans son histoire écrite en italien ; le pape Jean XXII en augmenta l'édifice, (de Saint-Agricol) et l'orna de trois nefs. De telle sorte qu'au lieu de distinguer deux époques d'agrandissement, cet historien d'Avignon n'en distingue qu'une seule. J'avais d'abord cru que Fantoni était seul

(1) Eusèbe Didier, *panég. de St.-Agric.* note 26.

de ce sentiment qui me paraissait le plus admissible;
mais l'avocat Fransoy dont on conserve au musée une
histoire manuscrite d'Avignon est du même avis, et
telles sont ses expressions : En 1520 le pape Jean XXII
fit agrandir cette église (Saint-Agricol) et la mit dans
l'état et forme où elle est aujourd'hui, M. Fransoy,
écrivait en 1818.

Le collecteur de l'inventaire des titres de S^t.-Agricol
rentre dans le même sentiment en s'exprimant en ces
termes : « Il est vraisemblable que lors de son érection
en collégiale, l'église fut agrandie par les soins de son
fondateur en 1321, et qu'elle devait être contigue aux
cloîtres. Cependant, puisqu'ils est évident qu'alors elle
fut *bâtie à trois nefs*, il s'en faut pourtant de beaucoup
qu'elle fut aussi complète qu'elle l'est à présent : »
Nous verrons dans la suite de cette dissertation à quelle
partie de l'édifice il faut rapporter cette dernière réflexion.

J'avoue que dans la matière présente, il n'y a rien
de plus obscur que le point en question. S'il fallait nous
décider d'après les témoignagnes historiques, nous ne
balancerions pas à nous enrôler sous la bannière de
Fantoni. Les raisons de ses adversaires nous paraissent peu concluantes. Les uns placent à une autre époque la construction des nefs, parce qu'ils ont trouvé
que la façade à été élevée plus tard, mais ils se trom-
pent évidemment dans l'assignation de l'an 1520. A
cette date, la période ogivale touchait à son terme et
faisait place au plein-cintre de la renaissance. D'ailleurs la délibération du conseil municipal accordant
mille florins pour la construction de la façade est datée
du 12 avril 1485, et puis c'est d'une mauvaise logique

de vouloir juger de l'antiquité d'un monument sacré par sa façade souvent faite après coup. Ainsi d'après un pareil raisonnement, l'église de Saint-Pierre ne remonterait qu'à l'année 1312, quoiqu'elle ait été rebâtie telle que nous la voyons aujourd'hui en 1358 par le cardinal Pierre de Prato. (1) Pourquoi n'en serait-il pas ainsi de Saint-Agricol, encombré par diverses constructions, longeant la Petite Fusterie et qui n'on été détruites qu'en 1485, le chapitre en ayant fait l'acquisition expressément pour en bâtir la façade. Enfin l'on peut dire que Saint-Agricol présente au midi une autre porte dans le goût du quatorzième siècle et qui a dû être la porte d'entrée primitive.

Les autres adversaires que nous combattons attribuent à Jean XXII l'aggrandissement de Saint-Agricol, et lui refusent la construction des nefs; mais, leur dirions-nous, appuyés sur les témoignages contradictoires précités, est-il probable qu'un pape aux larges pensées comme Jean XXII, lui, à qui nous devons en grande partie le colossal palais apostolique, lui qui en expirant, laissa dans le trésor pontifical plus de vingt millions de florins d'or d'après l'historien Villani; (Jean XXII mourut en 1334.) Est-il probable, dis-je, que ce grand homme ait employé sa superbe pensée à l'aggrandissement de Saint-Agricol et que de sa puissance il n'en soit sorti qu'un ouvrage avorton, qui a eu besoin d'être refondu cent ans après son trépas; non, certes, ce n'est pas là reconnaître le génie du plus grand des papes Avignonais.

Nous serions en droit d'ajouter que l'illustre succes-

(1) *Panorama d'Avignon*, par M. Guérin page 118.

seur de saint Pierre eut pour le temple dont on lui attribue au moins l'agrandissement une prédilection toute spéciale et bien prononcée. La basilique de Notre-Dame-des-Doms, avait jusqu'alors possédé les précieuses reliques de Saint-Magne et de Saint-Agricol, qui y avaient été primitivement inhumés, eh bien! C'est Jean XXII qui s'en dessaisit et les fit transporter dans le nouveau sanctuaire consacré à leur gloire. Il fit plus, d'après tous les historiens et les titres les plus authentiques il y fonda un chapitre composé de douze chanoines et de seize bénéficiers, chapitre qu'il dota avec une munificence vraiment digne de Jean XXII. Et assurément, en voilà bien assez pour étayer le plus beau des systèmes. Mais nous cherchons la vérité et la vérité avant tout et nous lui consacrerions volontiers et nos penchants et nos susceptibilités.

Pour mettre la question dans tout son jour, et arriver plus facilement à une solution évidente qui ne laisse aucun accès à un doute fondé, il faut distinguer dans l'église de Saint-Agricol quatres parties dont nous allons nous occuper successivement. 1º Le Sanctuaire, 2º la façade et les deux derniers arceaux y attenants ; 3º les chappelles latérales ; 4º enfin les trois nefs elles-mêmes.

1º LE SANCTUAIRE.

Il parait qu'en 1612 le sanctuaire était plus étroit qu'il ne l'est aujourd'hui. C'est l'époque qu'assigne à son agrandissement le chanoine de Véras (1) qui

(1) En 1750 Jean Raymond de Veras, chanoine de Saint-

2

écrivait en 1750 et qui devait avoir sous la main les
renseignémens les plus exacts et les plus authentiques,
D'ailleurs, cette date n'était pas si éloignée de lui pour
qu'on puisse révoquer en doute un si bon témoignage.
Au reste, il existe une très grande différence de style
entre cette partie de l'église et les trois nefs. Tout y
annonce un changement d'époque, les nervures ne
sont plus celles de la voûte, les anges qui les soutiennent et les terminent ne sont rien moins que gothiques.
Nous trouvons répandus dans le reste de l'édifice divers
personnages ayant la même destination ; mais leur
pose, leur allure, leur caractère sont bien différents.
Enfin les fenêtres, et cela nous paraît inconcevable,
les fenêtres sont à plein-cintre dans un monument
tout entier ogival. Ce serait presque le cas de dire avec
Horace :

. . . . ut turpiter atrum
Desinat in piscem mulier formosa supernè.

Ce qui nous blesse aujourd'hui ne blessait pas nos
pères qui aimaient tant à répéter que le moyen-âge avait
été le règne de la barbarie et de l'ignorance. Heureuse

Pierre élève du séminaire de Notre-Dame de Sainte-Garde, considérant que plusieurs inscriptions et épitaphes disparais-
saient des monumens religieux d'Avignon, il les rechercha avec
soin et en forma un recueil. Il déposa son manuscrit entre les
mains du supérieur du séminaire de Sainte-Garde, et il voulut
qu'il put être consulté par toutes les personnes qui le désireraient. Cette précieuse collection se trouve aujourd'hui à la
bibliothèque de la ville.

découverte, dont nous sommes surtout redevables aux lumières de l'esprit philosophique.

2º LA FAÇADE ET LES DEUX DERNIERS ARCEAUX.

Il existe dans les régistres des délibérations de la ville d'Avignon une supplique adressée par le chapitre de Saint-Agricol, au conseil municipal. C'est une demande de fonds pour la constrution de la façade de son église. Cette requête porte en date l'an 1485. La réponse du conseil est du douze avril de la même année.

Nous croyons faire plaisir à nos lecteurs en donnant ici la supplique capitulaire que nous venons d'indiquer.

« Magnifiques et honorables seigneurs, messieurs les consuls et conseillers de cette noble citée d'Avignon. Vos serviteurs et amis les doyen, chanoines et chapitre de votre paroisse et église du glorieux et vrai ami de Dieu Monseigneur saint Agricol, en son vivant fils originaire de cette ville et aussi évêque et pasteur d'icelle, lequel de son vivant et après son décès a souvente fois prié et intercédé envers Dieu pour le salut, tranquilité, paix, union de cette citée, et ainsi que par ses grands miracles évidents a été par plusieurs fois assez clairement démontré, supplient et requèrent bien affectueusement que en ayant égard aux choses biens et grâces dessus dites et pour la révérence que vous avez au glorieux corps saint, vous plaise à votre bénigne grâce et singulière libéralité et en suivant les papes de bonne mémoire et autres vos prédécesseurs

permettre et consentir que le grand portal de la dite
église de votre patron saint Agricol, votre concitoyen
soit aorné des armes de cette ville et que par votre
commandement et bon plaisir pour l'honneur de la
dite ville elles y soient mises et pareillement en suivant les munificences des pieux et victorieux jadis ré-
gnantsdesquels ladévotion et révérence se montraient en
la réparation et entretenement des églises, vous plaise
de votre libéralité et grâce les octroyer et donner quelque aide à pouvoir continuer la fabrique et portal de la
dite église; afin que ce dit patron ami de Dieu par sa
bénigne grâce soit toujours plus enclin de prier envers
notre Seigneur pour l'union et bon état dé vous autres
messieurs et de la ville et des autres particuliers ha-
bitants d'icelle et lesdits doyen, chanoines et chapitre
outre les autres biens que continuellement vous leur
faites, prierons Dieu et le glorieux saint pour vous. »

La réponse du conseil municipal contient en substance qu'à la requête du doyen et des chanoines de
Saint-Agricol en présence de noble personne Étienne
de Symiane, seigneur de Chateau-Neuf, etc. etc. poussé
par amour de Dieu, et afin que le glorieux confesseur
saint Agricol intercède sans cesse auprès de lui pour
la tranquilité et la sûrété de la ville, le conseil accorde
1,000 florins une fois payés, *pro fabrica ipsius ecclesiæ
et muro portali in quo apponentur arma civitatis.*

Et en effet les armes de la ville se trouvent sur la façade et sur la clef des deux derniers arceaux. Les Vandales du dernier siècle ne les ont raclées qu'impar-
faitement.

Les armoiries intérieures apposées à ces arceaux
ont fait croire à bien des personnes qu'ils avaient été

ajoutés tous les deux à l'église de Saint-Agricol à l'époque que nous étudions. C'est même une espèce de tradition populaire. C'est là une erreur des plus graves et que nous devons tenir à cœur de faire disparaître. 1o S'il en était ainsi les nefs ne se seraient prolongées que jusques à la chapelle du Crucifix du côté droit et à celle de Saint-Michel du côté de l'Évangile. Mais alors toute l'harmonie de l'édifice serait détruite ; il n'existerait plus aucune proportion. Le monument serait plus large que long ; dimensions ridicules dont on ne trouverait peut-être aucun autre exemple. 2o Nous prouverons en son lieu que la chapelle de Saint-Michel a été construite en 1355 et celle du Crucifix en 1401. Ce qui nous paraît une difficulté insoluble dans le système vulgairement reçu ; mais, nous dira-t-on, comment expliquer alors les armoiries de la ville sur l'arceau correspondant à ces deux chapelles. Voici notre réponse : Avant la construction de la façade actuelle, forcément il faut admettre qu'il existait au moins un mur de clôture du côté de la Petite Fusterie et en le détruisant pour allonger le monument, et construire la façade, on a été dans la nécessité de réparer cet arceau ou peut-être de le refaire entièrement et voilà pourquoi la ville y a fait graver son blason.

Le chapître ayant réuni les fonds nécessaires pour l'exécution de son projet mit incontinent la main à l'œuvre. Deux chanoines appelés Roland Vicalet, et Étienne Carrocheti furent députés pour surveiller les travaux. Une circonstance imprévue fut sur le point de faire échouer l'entreprise. Pour creuser les fondemens du mur de façade, il fallut s'approcher beaucoup des maisons voisines qui étaient vis-à-vis, sur la rue de la Petite Fusterie. Ces constructions occupaient la place de la terrasse actuelle et des caveaux qu'elle recouvre. Une femme nommée Drague à l'aquelle deux de ces maisons appartenaient fit signifier au chapitre la défense de passer outre. Arrêté tout court, le chapitre acheta le local lui-même à un prix très élevé , prix qu'avaient fixé les commissaires nommés pour experts ; et l'on rapporte que le chanoine Vicalet outré de dépit contre leur injustice s'écria hautement, *Sic tractet illos Deus.* C'est alors , comme nous l'avons indiqué dans le chapitre I. et comme nous le prouverons mieux encore dans la partie artitisque, que la chapelle du Saint-Esprit (de Saint-Agricol) fut enclavée dans l'enceinte de l'église et que fut élevée celle de Sainte-Apollonie, à la date de l'an 1485.

Presque tous les auteurs attribuent la construction de la façade, et quelques-uns même de l'église (ce qui est faux) , au fait suivant que nous extrayons de la notice historique sur les villes et villages du Comté Venaissain par Morénas, écrite en 1780. Ce volume est déposé aux archives.

Cassagne , est une terre considérable appartenant à présent à M. de Rousset. Saint-Agricol qui en était le possesseur la donna pour fonder l'église qui porte son nom. Les chanoines la possédèrent paisiblement jusqu'en 1480 ; alors il s'éleva une difficulté entre les consuls et le chapître au sujet de certaines limites. Les officiers de justice étant assemblés avec les parties pour juger ce différent on vit paraître deux cigognes qui en présence des consuls et des juges tracèrent du pied et du bec les limites dont l'incertitude formait un procès qui finit par là. Rolland Wallet auteur contemporains et

chanoine de Saint-Agricol s'exprime en ces termes :
« Et aussitôt apparurent des oiseaux semblables à ceux
qui se soulaient peindre ès armoiries de Saint-Agricol
nommés ibides. Iceux firent deux ou trois volées tout
au tour des limites débatues, comme désignant le droit
de Saint-Agricol et cela d'un commun accord mit fin à
la conteste. » On voit dans les anciennes images qui
représentent ce prodige trois cigognes volant dans un
alignement direct. D'après l'inventaire des titres M.
Rolland Wicalet ouvrier du chapitre attestait ce fait
comme l'ayant vu de ses propres yeux. Nous croyons
que ce Rolland Wicalet est le même que le Rolland
Vallet de Morenas.

3° CHAPELLES LATÉRALES.

Voici d'après l'inventaire des titres (1) de notre
église, monument qu'on ne saurait sans injustice,
comme sans déraison argüer d'ignorance ou de fausseté, la chronologie des chapelles de Saint-Agricol.
Nous les indiquerons par les noms quelles portent actuellement et par ceux qu'elles avaient autrefois. Elles
seront placées d'après leur rang d'ancienneté, afin
qu'on voit d'un seul coup d'œil celles qui sont anciennes
et celles qui sont plus rapprochées des tems modernes.

(1) Voir la note de la page 4.

ORDRE CHRONOLOGIQUE.

DES CHAPELLES LATÉRALES DE SAINT-AGRICOL.

Noms modernes.	Noms anciens.	Date.
Sainte-Anne.	Sainte-Aure. (1)	1354
Saint-Michel.	Saint-Michel.	1355
Saint-Joseph.	Saint-Joseph.	1370
Saint-Agricol.	Saint-Esprit.	1391
Sainte-Vierge.	Sainte-Anne. (2)	1391
Purgatoire.	N.-D.-de-Lorette avant	1400
Crucifix.	Saint-Lazare.	1401
Sainte-Barbe.	Sainte-Barbe.	1483
Fonts Baptismaux.	Sainte-Apollonie.	1485
Des Merles non existantes.	Des Merles.	1539
Des Pauvres Femmes.	Des Grillets.	1546

(1) Reconstruite par la famille des Laurens en 1765.
(2) Reconstruite par M. de Brantes en 1702.

4° LES TROIS NEFS.

Pour résoudre la difficulté des trois nefs nous ne dirons qu'un seul mot. Tous les auteurs s'accordent à dire que Jean XXII agrandit Saint-Agricol et ce n'est que depuis ce pontife qu'il est question de trois nefs dans cette église. Qu'était-ce que Saint-Agricol avant Jean XXII ? Nous abandonnons la solution de cette question à un plus habile; mais en quoi consiste le travail de ce pape célèbre, et en quoi peut-il consister sinon dans la construction des trois nefs ? Si on recule ce travail jusqu'en 1420 comme quelques-uns l'on fait, alors on est forcé d'admettre d'après l'inspection de la table précédente qu'il existait sept chapelles avant que le vaisseau eut sa forme déterminée. Si l'on retarde cette construction jusqu'en 1520 avec certains autres, au lieu de sept chapelles on en aura neuf, ce qui nous paraît le dernier des inconvénients. Nous concluons donc en formulant ainsi notre pensée: Jean XXII a fait construire les trois nefs telles quelles existent aujourd'hui, formant un carré parfait, moins le dernier arceau et la façade et si l'on veut l'agrandissement du chœur, l'ouvrage le moins important de l'édifice. Ensuite les chapelles ont été percées après coup par diverses familles nobles plusieurs de ses chapelles portaient naguéres encore le nom de leurs fondateurs.

Jean XXII est mort en 1334; or, de cette époque à celle de la fondation de la plus ancienne chapelle, celle de Sainte-Anne, autrefois de Sainte-Aure (1354) il n'y a que 20 ans; rien, non rien ne nous paraît plus rationel et plus archéologique que le sentiment que nous venons d'émettre.

CHAPITRE IV.

Saint-Agricol depuis l'an 1789 jusques au rétablissement
du culte.

En 1789 éclata cette terrible révolution dont l'univers retentira encore long-temps. Le délire d'une liberté frénétique s'était emparé des esprits ; le démon de la destruction soufflait la rage et la fureur. Tout ce qui portait les traces du culte, de la grandeur ou des arts offusquait les obscurs démagogues qui auraient voulu faire disparaître du sol français le dernier souvenir des anciens jours. Jamais les Sarrasins et les Vandales ne firent autant de ruines que les hommes formés à l'école du philosophisme et de l'impiété.

Avant cette époque désastreuse, plusieurs jours suffisaient à peine pour examiner ce que nos murs renfermaient d'intéressant et de chefs-d'œuvre ; mais il n'en est pas de même aujourd'hui ; on peut connaître dans quelques heures ce que les modernes Vandales n'ont pas eu le temps d'anéantir. Le fer et la flamme ne nous ont presque laissé que des ruines et de la cendre (1).

(1) *Panorama d'Avig.*, par M. Guérin, p. 80.

Qu'est devenue, en effet, la voûte des Cordeliers dont la hardiesse frappait de stupeur les architectes eux-mêmes ? il n'en reste plus de traces, et le célèbre tombeau de Laure ne consiste plus qu'en son nom placé sur une colonne brisée pour marquer que jadis sa cendre reposait là (1).

Qu'est devenu le monastère des Bénédictins de Saint-Martial dont les princes firent leur palais. L'église avait trois nefs. Demandez aux anciens les richesses qu'elle renfermait en mausolées, en statues, en tableaux : tout a disparu. On ne voit plus qu'un reste de clocher et ces grandes croisées du chœur devant lesquelles le connaisseur s'arrête en maudissant le jour qui a été témoin de tant de dégradations.

Qu'est devenu l'immense ouvrage de Clément VII et de Charles VI à la fin du quatorzième siècle, l'église des Célestins ? Interrogez la sentinelle mutilée qui veille à la porte de l'hôtel des Invalides et le brave des Pyramides ou d'Austerlitz vous en montrera un reste tronqué, et c'est là qu'il vient invoquer le Dieu des batailles. Ami des arts, et en admirant la hardiesse du ciseau et la grâce des ornemens, votre indignation s'enflammera. Ne demandez pas à voir ce que votre imagination seule peut suppléer.

Que sont devenues les vastes nefs des Dominicains, qui retentirent des chants d'allégresse que faisait éclater la canonisation de Thomas-d'Aquin, que le théologien se plaît à appeler encore l'Ange de l'École ? Qu'est devenu ce cloître qui portait élégamment gravé

(1) Une institution charitable pour les orphelins vient de s'établir dans ce local.

sur ses colonnes les sujets les plus intéressans de l'ancienne Alliance? Cet immense édifice, premier asile des pontifes romains fuyant les fureurs de la guerre civile, où est-il? où est-il ce géant de la nouvelle Rome, où se jouaient réunis la hardiesse, l'élégance et le grandiôse? Peintres, hâtez-vous, artistes, pressez vos pas, ou plutôt, reculez d'horreur. Le seul monument que Robespierre et Marat ont épargné......, tombe sous les coups de l'avide bande noire, et l'on disperse ses dernières pierres. Arrêtez-vous là, comme aux approches de la Chartreuse de Villeneuve, car ou bien vous n'auriez pas un cœur ou ce cœur saignerait.

Que devint St.-Agricol dans cette tourmente des jours mauvais. Ici il n'est plus nécessaire de nous entourer de volumes et de respirer la poussière des bibliothèques; nous n'avons pas été présens à ces hideuses scènes; mais il nous est encore permis de consulter nos pères qui témoins oculaires peuvent rendre témoignage à la vérité.

En 1776, Charles-Vincent de Giovio, issu d'une noble famille de Césène en Italie, était sur le siége d'Avignon. Il fut le 20e archevêque de cette ville depuis l'établissement de la Métropole. Mgr. de Giovio gouverna ce diocèse jusqu'en 1790, époque à laquelle la révolution française fit éclater ses fureurs dans notre cité. Pour échapper au danger qui le menaçait, il se retira à Villeneuve, et de là à Rome pour rendre compte au souverain pontife de la position de sa ville d'Avignon. Il mourut à Césène sa patrie en 1797. Après le départ du pasteur, un constitutionnel, M. Pignatelli, fut curé de St.-Agricol, mais bientôt les brebis se dispersèrent, les chapitres furent détruits; les sept paroisses furent rayées du catalogue de l'état. Des hommes avides de pillage se ruent dans les saints lieux et les dépouillent de toutes leurs richesses au nom de la loi, de la liberté et de l'égalité.

Avignonnais, lis avec assurance, ministre de paix et disciple du **Dieu du Calvaire**, nous ne venons pas ranimer des haines éteintes, ni faire rougir ceux qu'égarèrent des passions peut-être d'un instant.

En 1792, l'assemblée des États-généraux érigea en département de Vaucluse les districts d'Avignon, de Carpentras, d'Apt et d'Orange, dont notre ville fut le chef-lieu. Des lois nouvelles que nos pères n'avaient jamais connues déterminèrent la forme des élections épiscopales. Les laïques de toutes les classes, les bons exceptés, furent en droit de nommer leur prétendu pasteur. Les électeurs du département appelèrent au siége d'Avignon François-Régis Rovère, dit Font-Vieille, qui fut installé dans Saint-Agricol désert, évêque constitutionnel de Vaucluse, selon la dénomination de l'époque.

Cet intrus n'exerça pas long-temps les augustes fonctions que son caractère schismatique avait avilies en sa personne. La république délirante d'impiété, avait juré dans le caveau de Lucifer, selon l'expression de Voltaire, d'exterminer *l'infâme.* Elle était en effet infâme pour ces cœurs flétris par le vice, cette religion divine puisqu'elle n'avait à leur promettre que des tourmens éternels. L'œuvre de mort de la révolution s'exécutait; après avoir détruit devant sa loi le catholicisme en France, une ombre de religion, la Constitution civile, restait et cette ombre l'offusquait. Le masque se leva entièrement et les constitutionnels forts seulement contre leurs frères, disparurent. En 1793, les temples furent fermés dans toute la France ; les prêtres assermentés et ceux qui étaient restés fidèles furent presque également proscrits et persécutés, et le sang pur des uns et le sang corrompu des autres rougit les marches de l'échafaud ; Rovère fut réduit à fuir pour parer les coups qui menaçaient sa tête (1). Il n'y eut plus d'autres prêtres devant la loi que les prêtres de la Raison ; l'église de St.-Pierre devint le siége empesté de cette infâme déesse. Malgré la rigueur de la persécution, malgré la Glacière et Orange, quelques prêtres fidèles restèrent cachés dans la ville, et exerçaient, à la faveur du déguisement et de la prudence, leur périlleux ministère.

Il nous a été donné de voir de nos propres yeux, et ce n'a pas été sans une vive émotion, l'autel sur lequel la victime sainte s'immolait encore de temps en temps pour le salut des hommes, aux jours même les plus mauvais. Hélas ! de combien de larmes n'a pas du être arrosé cet étroit sanctuaire où de saints prêtres s'exposaient aussi à mêler leur sang répandu par le bourreau au sang du Dieu du Calvaire. Nouveaux enfans des Catacombes, heureuses les pieuses familles qui vous ont donné dans leur sein refuge et asile. Les bé-nédictions du ciel ne sont pas épuisées, elles se répandront fécondes et la moisson sera abondante pour le royaume des cieux.

« Alors dit l'avocat Fransoy, dans son histoire manuscrite d'Avignon déposée au Musée Calvet, alors Saint-

_____

(1) Rovère expia dans les déserts de Sinnamary dans l'Amérique, les fautes que l'ambition lui avait fait commettre contre l'Église de Dieu.

Agricol devint un atelier où furent établies plusieurs forges qui le dégradèrent infiniment. Ce temple catholique ne présenta plus que les horreurs des Cyclopes et les feux de Vulcain. » Ces forges, dit-on, furent placées, non loin du grand bénitier qui sans doute devait servir de réservoir pour tremper le fer et l'acier. Il ne serait pas impossible que nous dussions la conservation d'un morceau si rare et si précieux à une semblable circonstance. Les disciples des Cyclopes et de Vulcain, selon le langage de M. Fransoy, ne demeurèrent pas long-temps dans la possession d'un si bel atelier et au départ des forges, St.-Agricol devint le magasin général des poudres et des salpêtres, titre qu'il conserva jusqu'au mois de juillet 1795.

Le 21 février de cette même année, un décret de la Convention, reconnut à tous les citoyens le droit d'exercer le culte qu'il leur plairait, entre autres le culte catholique, toujours entendu, dit un auteur du temps, dans le sens de la révolution, c'est-à-dire, le culte constitutionnel qui dès-lors ne méritait pas le nom de catholique. Toute démonstration extérieure était sévèrement défendue ; la nation ne s'engageait à fournir ni local, ni subsides.

Le 30 mai suivant, un nouveau décret vint modifier celui du mois de février; il fut permis aux autorités locales de rendre au culte reconnu par l'État, les églises non aliénées. Les temps devenant donc moins mauvais un grand nombre de paroissiens se réunirent pour demander à la municipalité et au nom du peuple, qu'on leur livrât l'église de St.-Agricol et ses sacristies pour y exercer le culte de la *religion catholique, apostolique et romaine*, ce sont leurs expressions. Cette pétition est

datée du dix-neuf messidor an **III** de l'ère républicaine
(7 juillet 1795.)

Cette demande fut accueillie non sans beaucoup d'efforts de la part des pétitionnaires, et vu la grande multitude des citoyens qui avaient donné leur signature.

L'église était obtenue; mais elle n'était pas libre étant occupée, comme nous l'avons déjà dit par les entrepreneurs des poudres et des salpêtres. Ces nouveaux possesseurs de St.-Agricol, loin de céder le poste de bonne grâce traînaient les choses en longueur. Alors **M. Payot**, qui fut l'instrument visible de la Providence et l'âme de toutes les entreprises des vrais catholiques dans ces jours malheureux, **M. Payot** dressa une seconde pétition. Il s'exprimait en ces termes : « Citoyens, maire et officiers municipaux, Ayant eu la satisfaction d'obtenir de vous, pour y exercer le culte catholique, l'église de St.-Agricol, laquelle je vous ai demandée par une pétition revêtue des signatures d'un grand nombre de citoyens, pénétré du zèle qui vous anime toujours pour le bien public, je viens avec la même confiance que j'ai eue en vous présentant ladite pétition, vous inviter à faire auprès du district et du département, si besoin est, toutes les démarches nécessaires pour qu'il désigne au citoyen S***, qui occupe ladite église, un local pour y transporter tout ce qui y est contenu, et ordre de céder le plus tôt possible ladite église au peuple qui la demande par mon organe, avec le plus grand empressement. Ce même peuple pénétré de la plus vive reconnaissance, ne cessera de faire des vœux pour la conservation de vos jours. »

Cette pétition est du 25 messidor an **III**, (13 juillet 1795).

Accueillie par la municipalité, renvoyée par elle au directoire du district et par celui-ci au receveur des domaines nationaux, cette pétition obtint tout l'effet qu'on pouvait en attendre. On s'occupa tout de suite du déblayement qui fut opéré en très peu de temps, chaque paroissien s'empressant de prendre part à la bonne œuvre. Comme il dut être consolé, le cœur de ces généreux chrétiens, qui avaient vu passer comme un torrent impétueux des jours dignes de Néron et de Dioclétien, en apercevant pour la première fois, les portes du sanctuaire, hélas ! si long-temps fermées, s'ouvrir enfin à leur piété. Mais aussi de quelle horreur ne furent-ils pas saisis ceux qui, comme les anciens d'Israël avaient été témoins de la gloire du premier temple. L'épaisse fumée des forges avait tout noirci, partout la nudité, partout la dégradation la plus complète : ornemens, autels, tableaux, boiseries précieuses, tout était tombé sous la hâche de la terreur, et celle qui pendant si longues années, avait été la reine de la cité, n'était plus qu'un objet de pitié.

D'après l'inventaire dressé à cette époque et que nous avons sous les yeux, on trouva dans St.-Agricol, 1° le maître-autel en marbre, les gradins et le tabernacle ouvert ;

2° Dans la chapelle de la Sainte-Vierge, l'autel avec son tabernacle aussi ouvert et les deux statues de St.-Jean et de Ste.-Anne.

3° Dans la chapelle de St.-Agricol, l'autel et les gradins en marbre, dégradés ;

4° Enfin, le grand bénitier dont nous avons déjà parlé dans le courant de ce chapitre.

Un seul tableau avait échappé au pillage ou à une

entière dégradation ; c'est celui qui représente l'assomption de la Sainte-Vierge. Il est peint sur bois ;
on le dit d'une énorme pesanteur, il est placé au
fond du sanctuaire. Lors de la dévastation de l'église,
le maître-autel était adossé contre le mur de l'abside,
et c'est derrière cet autel que le tableau fut trouvé sans
cadre à la vérité, mais sans avoir notablement souffert.

On s'empressa de visiter la sacristie. Elle était intacte
avec sa superbe boiserie, ses armoires et ses tableaux.
Elle était encombrée de tous les objets en bois, plâtre
et fer-blanc qui, par leur peu de valeur n'avaient pu
tenter la cupidité républicaine. On y trouva aussi épar-
ses plusieurs pièces de marbre ayant appartenu à divers
monumens, et notamment aux deux crédences placées
à côté de l'autel principal. L'objet le plus précieux est
un christ en ivoire sur une croix de bois dont le pied
était sculpté et doré : c'est celui qui existe encore aujourd'hui et qui décore l'exposition.

Le local étant ainsi exploré et reconnu, on s'occupa
des réparations les plus urgentes. Crocheteurs, char-
retiers, manœuvres, maçons, menuisiers, barbouil-
leurs, tout fut convoqué pour tirer l'édifice sacré de
ses ruines. Les dépenses se montèrent à 55,279 fr. as-
signats évalués en numéraire environ 1416 fr.

Les administrateurs du district remirent au sieur
Payot, sous sa responsabilité et à la charge de les restituer sur la réquisition qui lui en serait faite par qui de
droit, divers objets ayant autrefois servi au culte et dont
l'acquisition n'avait pas coûté de bien grandes sommes aux administrateurs du département. Le 2 septembre suivant, on put célébrer la fête de St.-Agricol
aussi solennellement que le permettaient les circonstances.

Souvent en l'absence des prêtres qui n'osaient encore se montrer en public, les fidèles étaient réduits à s'assembler sous la présidence d'un des plus anciens paroissiens qui récitait tout simplement les prières de la messe et le chapelet.

On se tromperait gravement si l'on croyait que les fidèles restèrent long-temps paisibles possesseurs de leur nouvelle paroisse. Il fallut pour s'y maintenir tout le courage, le zèle et le dévouement dont ils ont donné des preuves irréfragables dans leurs diverses pétitions. Les contradictions de toute espèce vinrent les éprouver, et depuis long-temps les paroles de l'Évangile : *Regnum cœlorum vim patitur*, (1) etc., n'avaient pas eu de plus juste application. « Le calme dura peu pour la religion ; une réaction complète, pour me servir de l'expression du temps, eut lieu. Par un décret du 25 octobre (1795), la Convention ordonna la réclusion ou la déportation des prêtres qui avaient été condamnés à ces peines en 1792 et 1793. Ce fut là son dernier décret. Après elle, le directoire fut institué. Composé de cinq membres, il était chargé du soin de faire exécuter les lois. La religion trouva en eux de nouveaux ennemis. Ils écrivaient à leurs commissaires dans les départemens, en parlant des prêtres : « Désolez leur patience ; environnez-les de votre surveillance ; qu'elle les inquiète le jour, qu'elle les trouble la nuit ; ne leur donnez pas un moment de relâche ; désolez leur patience ! » (2)

_____

(1) Le royaume des cieux souffre violence, etc. MAT. XI. 12.

(2) *Hist. de l'Église Gall.* Supplément an 1795, tom. XXIV, pag. 418.

Enhardis par de semblables déclarations, des hommes avides voulurent encore profiter du malheur du moment. Le sieur **M*****, fit l'acquisition de la sacristie et de ses attenances. L'intention de ce *digne* citoyen, était, dit-on, d'y établir un cabaret!!! Le sieur Payot et tous les hommes de cœur à sa suite, dressèrent encore une pétition qu'ils transmirent aux administrateurs du département. Ils disent comment St.-Agricol avec ses sacristies avait été affecté à l'exercice du culte catholique, tous les sacrifices qu'ils avaient été obligés de s'imposer pour rendre cette église délabrée, propre à la destination pour laquelle la municipalité d'alors l'avait accordée à la demande du peuple. Ils y exposent que les sacristies et les appartemens de l'ancien curé (aujourd'hui la petite maison et le logement du sacristain), aliénés par cette vente étaient inséparables du reste de l'édifice; une des chambres avait même une fenêtre prenant jour par la petite nef. Ces généreux athlètes de J. C. dignes vraiment des premiers jours de la ferveur chrétienne, parvinrent à force de sollicitations et de peines à obtenir que droit fut fait à leur requête; et par arrêt du 4 nivôse an **V**, (24 décembre 1796), la vente fut cassée et annulée comme contraire à la loi. L'administration autorisa de plus le receveur des domaines nationaux, au bureau d'Avignon, à restituer toutes les sommes consignées pour cette acquisition.

Cette affaire étant heureusement terminée, les catholiques de Saint-Agricol n'eurent pas long-temps à respirer. Quelques séditieux venaient de nommer Étienne, plus connu sous le nom de *l'abbé Féfé, évêque du département de Vaucluse*. Étienne se trouva ainsi le troisième évêque vivant d'Avignon ; car Mgr. de Giovio et Rovère existaient encore. Le nouvel intrus plaça sa chaire pontificale dans l'église de Saint-Pierre, déjà profanée par la déesse Raison. Il était impossible qu'Étienne vit de gaîté de cœur et sans en être jaloux un autel ennemi dressé contre son autel dans l'enceinte de Saint-Agricol; un peuple qu'il appelait ses ouailles et qui ne voulait pas l'appeler son pasteur ; ses partisans employèrent toutes sortes de moyens pour s'emparer du temple, objet de leur convoitise. Saint-Agricol, bien que pauvre et dégradé, était encore riche par lui-même, et toutes les dévastations qu'il avait essuyées, n'avaient pu faire disparaître sa beauté et sa grandeur architecturales. Les constitutionnels qui prétendaient être les seuls reconnus par la loi, et qui d'ailleurs avaient un *évêque* à leur tête, pétitionnèrent; mais malheureusement pour eux, une plume restait entre les mains de l'intrépide Payot et des siens. Quoique la balance certes, fut loin d'être égale et que les vrais catholiques fussent presque sans espoir, cependant ils tentèrent les derniers efforts, et le ciel pour lequel ils combattaient bénit leurs saintes entreprises. Nous sommes instruits, disaient-ils, que quelques citoyens de cette commune vous ont présenté une pétition tendant à demander l'usage en commun avec nous de l'église de St.-Agricol, pour y exercer un culte. Nous ignorons quelle résolution votre sagesse et votre justice vous ont engagés à prendre à ce sujet; mais nous nous flattons que si vous accueillez la demande de ces citoyens, c'est-à-dire, que si plutôt que de leur désigner un autre des édifices destinés à cet usage, qui se trouvent vacants, vous les réunissez avec nous dans le même, et vous désiguez conformément à la loi les jours auxquels nous devons respectivement nous assembler, nous nous flattons, disons-nous, que vous voudrez bien nous conserver ceux que nous avons déjà choisis pour y exercer notre religion catholique. Ces jours-là sont ceux des décades qui correspondent aux dimanches, mardi, jeudi et samedi de l'ancien calendrier. Salut et fraternité. Le 17 nivôse an **VII**, suivent de nombreuses signatures. (6 janvier 1797).

L'administration municipale rejeta la demande des constitutionnels soi-disant catholiques. On ne sera pas fâché de voir quels étaient les motifs de cette décision. Les voici :

L'administration municipale considérant qu'elle ne peut se dissimuler d'après les demandes qui lui sont faites par les pétitions ci-dessus citées, qu'il existe de la rivalité entre les citoyens auxquels la ci-devant église de St.-Agricol a été désignée par une précédente administration municipale pour exercer le culte catholique et ceux qui la demandent actuellement,

Considérant que toute rivalité en matière de religion, et surtout entre deux sectes de la même religion, est inséparable du fanatisme,

Considérant que le fanatisme, cruel ennemi du repos public, ne craint pas d'employer les moyens permis ou défendus pour asservir à son opinion et sous son joug ceux qui ne pensent pas comme lui,

Considérant que le plus important de ses devoirs est de maintenir l'union et la tranquillité parmi ses administrés et de s'opposer à tout établissement qui, ne pouvant être nécessaire au bien général, laisse la possibilité et la crainte de voir troubler la tranquilité publique,

Considérant que le local demandé par les nouveaux pétitionnaires a été désigné depuis plus d'un an à une autre section de citoyens pour y exercer leur culte,

Considérant que ce local n'est pas le seul que l'administration municipale puisse désigner pour l'exercice des cultes et qu'il en existe encore deux qui y sont destinés et qui ne sont pas occupés et que la prudence exige de désigner une des localités non occupées plutôt que celle qui l'est déjà.

Ouï le commissaire du directoire exécutif, Arrête que des localités différentes seront désignées aux deux sections de citoyens, que ceux des pétitionnaires qui ne sont pas en possession de la ci-devant église de St.-Agricol, prendront à leur choix, ou la ci-devant église de St.-Didier ou celle des ci-devant Grands-Carmes.

La pétition des constitutionnels étant ainsi repoussée, ces schismatiques gardèrent quelque temps le silence. Enfin, parut le trop célèbre Meynet; il était le troisième frère de ce nom revêtu du caractère sacerdotal. Les deux autres émigrèrent. Ils ont laissé dans notre ville une mémoire qui sera toujours en bénédiction. Vincent Meynet, celui dont il s'agit ici, fut un des premiers qui se présenta devant la municipalité d'Avignon, pour prêter tous les sermens qu'on voulut exiger de sa conscience. De plus il aurait été, dit-on, un des quatre fusillers qui, l'arme au bras accompagnèrent la déesse Raison dans une promenade civique qui eut lieu lors de l'établissement de son culte. Meynet était digne de devenir l'homme de confiance de l'évêque Étienne. Son influence sur les autorités de l'époque n'était pas à mépriser. Il était parvenu à se faire nommer conservateur du Musée qu'il enrichit d'un grand nombre de magnifiques tableaux pris dans toutes les paroisses et dans toutes les chapelles de la ville que la terreur avait fait ou fermer ou démolir. Il avait été simple bénéficier de St.-Agricol, le titre de curé lui souriait trop pour qu'il ne fit pas tous ses efforts pour s'en mettre en possession ; il était puissant, et malgré les cris et les réclamations des anciens possesseurs, il vint s'y installer en qualité de ministre du culte catholique. On trouve encore aujourd'hui un registre signé par cet intrus, commençant sans aucun préambule à l'an VII de l'ère républicaine. Meynet se maintint dans St.-Agricol jusqu'au rétablissement du culte dont nous allons nous occuper.

CHAPITRE V.

St.-Agricol depuis le rétablissement du Culte jusqu'à sa restauration.

L'ÉGLISE de France avait assez souffert. Un baptême de sang l'avait purifiée des tâches qui déparaient sa beauté, et le Seigneur qui avait violemment secoué le chandelier ne voulait pas que le flambeau de la foi s'éteignît sans retour dans le royaume très-chrétien.

Le 5 avril 1802, le concordat passé le 15 juillet de l'année précédente entre le souverain Pontife et Napoléon Bonaparte, alors premier consul, fut présenté par le ministre des cultes, Portalis, à l'acceptation du corps législatif qui l'adopta comme loi de l'État. Tout se réorganisa. Des évêques furent nommés selon les saints canons reconnus par l'Église; les prêtres exilés ou déportés dans des climats lointains reparurent sur le sol de la patrie, ceux qui avaient exercé le saint ministère dans le silence de la nuit, et protégés par les déguisemens souvent les plus étranges, parurent au grand jour. Les intrus que les vrais fidèles n'avaient jamais voulu reconnaître, se dépouillèrent des dignités qu'ils avaient usurpées. Vincent Meynet, abandonné d'Étienne et privé de la protection de ceux qui l'avaient

3

élevé au pouvoir, et qui l'y avaient maintenu, déserta St.-Agricol pour faire place aux ministres légitimes (1).

Jean-François Perier, canoniquement institué par le vénérable successeur de St.-Pierre Pie VII, fut installé le 10 messidor an X, 29 juin 1802, évêque d'Avignon, dans St-Agricol. Cet auguste temple définitivement rendu à sa première destination, prit alors le titre d'église cathédrale et paroissiale. Quel beau jour pour notre cité si dévouée au culte de ses pères que celui où elle vit entrer dans son enceinte le représentant des Apôtres, le successeur légitime de ses anciens pasteurs envoyé comme un ange de paix, par le chef visible de l'Église, pour essuyer ses larmes et mettre un terme à ses douleurs. Quel enthousiasme ne vit-il pas éclater ce jour à jamais mémorable !... On pourra en juger par la lecture de l'acte qu'en dressa dans St.-Agricol même, après la cérémonie de l'installation de M. Périer, M. Blaze, notaire d'Avignon.

« L'an X de la république et le mardi 10 messidor (29 juin 1802), sous le consulat de Napoléon Buonaparte, Cambacérès, Le Brun, par-devant le citoyen Jean-André Tempier, conseiller de préfecture de ce département de Vaucluse, remplaçant le préfet absent, Claude-Pierre Mostier, Boudard, conseiller de préfecture, Ignace Jean, secrétaire-général, François-Guillaume-Ignace Puy, maire de cette ville d'Avignon, et Jean-Barthélemi Colinet, son adjoint, les membres composant les tribunaux de première instance et de commerce, le

(1) Il mourut le 6 mars 1804. Le registre paroissial garde le plus complet silence sur la fin de cet intrus. Il est dit seulement : Le 7 mars 1804, sépulture de Vincent Meynet, prêtre.

magistrat de sûreté pour l'arrondissement d'Avignon,
toutes les autres autorités civiles, judiciaires et militai-
res séantes en cette ville, et moi Henri-Sébastien Blaze,
notaire public, patenté, établi pour le département de
Vaucluse à la résidence de cette ville d'Avignon, en
présence des membres composant le clergé de cette
ville, le conseil-général de ce département et de la
commune, le conseil de commerce, des avoués, des
notaires, des directeurs de l'enregistrement et des
contributions, du receveur-général, du receveur des
poudres et salpêtres, de l'inspecteur des eaux et forêts,
des membres de la commission des hospices et du bureau de bienfaisance, des dames de la charité mater-
nelle, des présidens et secrétaire de l'athénée, des
instituteurs, des professeurs de l'école de dessin, des
commissaires de police et d'un concours immense
de citoyens de tout sexe et de tout âge assemblés dans
l'église de St.-Agricol, pour honorer l'installation de
Mgr. l'évêque d'Avignon, et offrir au ciel l'hommage
de leur reconnaissance pour le rétablissement de la
solennité du culte, et leurs vœux pour le gouvernement
et le héros à qui nous devons un si grand bienfait, il
a été procédé à l'installation de M. Jean-François Périer, nommé évêque d'Avignon, par arrêté du premier
consul du 19 germinal dernier, de la manière suivante:
1° Le cortège ci-devant détaillé a été prendre ledit M.
Périer, évêque, à sa maison d'habitation et l'a conduit
jusqu'à ladite église, recueillant partout sur son passage, les témoignages de l'allégresse publique, et la
foule grossissant à chaque pas. Arrivé au parvis de
ladite église, ledit M. Périer, évêque, a présenté audit
citoyen Tempier, préfet substitué, l'acte de la presta-

tion de serment entre les mains du premier consul, le 28 germinal dernier, duquel le secrétaire-général de la préfecture a fait lecture à haute et intelligible voix. Ledit citoyen substitué, a présenté audit M. Périer les clefs de ladite église de St.-Agricol, et a prononcé un discours où respire la plus saine morale. Ensuite le citoyen Jean-Baptiste Roux, prêtre, ancien vicaire-général, commissaire nommé le 25 floréal dernier par Mgr. l'archevêque d'Aix, pour l'installation dudit M. Périer, évêque, a fait lecture de la bulle de S. E. Mgr. le cardinal Caprara, légat *à latere*, et ayant les pouvoirs les plus étendus de N. S. P. le Pape, en date du 30 avril 1802. 10 floréal dernier, qui donne audit M. Périer, l'institution canonique. »

Ensuite M. Blaze décrit au long les cérémonies de l'installation, et après mention expresse de la première grand'messe chantée solennellement par Mgr. Périer. Suivent de nombreuses signatures.

Tout était rentré dans l'ordre, la hiérarchie ecclésiastique était réorganisée. Cependant Mgr. Périer ne nomma pas de suite un curé dans St.-Agricol. Cette paroisse fut desservie environ un an par de simples vicaires.

Au rétablissement du culte, il y eut une nouvelle circonscription des paroisses. La ville en comptait sept avant la révolution : St.-Agricol, Ste.-Magdelaine, St.-Genest, St.-Pierre, St.-Symphorien, St.-Didier, Notre-Dame-la-Principale, aujourd'hui les Pénitens-Blancs. Ces sept paroisses ont été réduites à quatre : St.-Agricol, St.-Pierre, St.-Didier, St.-Symphorien. St.-Agricol comprend, d'après la nouvelle circonscription, toute la partie à droite depuis et y compris l'ancien archevêché (le petit séminaire), la rue de la Vice-Gérence, place de la Commune, rue des Fromageons ou Poulasserie, rue de l'Arc-de-l'Agneau, place du Change, rue Bancasse, rue St.-Louis, jusqu'à la porte St.-Michel, l'hôtel de la succursale des Invalides en entier, et la partie de la campagne jusqu'à la Durance, renfermée entre les chemins de St.-Ruf et le Rhône, la porte St.-Michel et la porte du Rhône.

Le 21 messidor, an XI de la république française, (10 juillet 1803), M. Jean François Chalbos, prêtre de ce diocèse, fut installé curé de St.-Agricol, par M. Joseph-Louis Bonnaud, chanoine de l'église cathédrale et vicaire-général du révérendissime évêque d'Avignon. On dressa sur les registres de la paroisse, procès-verbal de sa prise de possession. Nous en extrayons le cérémonial :

Nous, Louis-Joseph Bonnaud, chanoine de l'église cathédrale, ayant pris par la main ledit M. Jean-François Chalbos, l'avons introduit dans ladite église de Notre-Dame-des-Doms et Saint-Agricol, et après lui avoir présenté l'eau bénite l'avons conduit au pied du maître-autel où étant arrivé il s'est mis à genoux et a fait sa prière. — S'étant levé, nous lui avons présenté à baiser l'étole pastorale et l'en avons revêtu: monté à l'autel, il l'a baisé : ensuite il a ouvert et fermé le tabernacle ; de là nous l'avons conduit aux fonts baptismaux qu'il a aussi ouverts et fermés ; au confessionnal, où il s'est assis, à la chaire où il est monté, et à la corde de la cloche qu'il a sonnée ; enfin, l'avons installé dans le chœur parmi les chanoines, en suivant l'ordre de l'ordination et ainsi nous l'avons mis en possession corporelle, réelle et actuelle de la sus dite cure de Notre-Dame-des-Doms et Saint-Agricol, et de tout ce dessus avons dressé dans le régistre de la paroisse le présent procès-verbal que nous avons lu à haute voix en présence des fidèles, et encore en présence de M. Toussaint-Agricol Richard et M. Jean-Baptiste-Marie Pamard, prêtres-vicaires de cette paroisse. Les noms de MM. Gauthier, Tussac, Verclos, Peyrard, tous prêtres, suivent les signatures déjà mentionnées.

Quoique le personnel de la paroisse fut complet, cependant, la Fabrique ne fut composée qu'en 1805, et cela nous étonne d'autant plus que dès le 19 novembre 1803, M. Périer avait publié un règlement pour cette partie de l'administration. Nous donnons ici le nom des premiers Marguillers de Saint-Agricol.

BONNAUD, président de la Fabrique; de Ferre, chanoine;

CHALBOS, curé;

CLÉMENT, ancien chanoine de Saint-Agricol;

REYNAUD, ancien chanoine de Saint-Agricol;

Richard, vicaire de la paroisse de la cathédrale;

PAMARD, vicaire de la paroisse de la cathédrale.

Nous serions injuste si nous oublions de mentionner le comte de CAMBIS-LÉZAN, nommé Marguiller le 30 août 1811, et qui a rempli ces honorables, mais pénibles fonctions jusqu'en 1825, époque de sa mort.

La Fabrique se trouvant ainsi légalement constituée s'occupa successivement de l'acquisition des objets les plus indispensables au culte, tels que ornemens sacerdotaux, dais pour le saint Viatique, linges sacrés, etc., etc. Les ressources n'étaient pas grandes et les besoins étaient immenses. Le Conseil se vit forcé et par la né-

cessité et par les lois et par la conscience de recher-
cher les anciennes rentes non aliénés, et d'employer
les moyens en son pouvoir pour les faire reconnaître
et pour les faire rentrer dans la caisse de la Fabrique.
Ces opérations pénibles et délicates donnèrent aux zélés
fabriciens mille sollicitudes et mille peines. Le procès-
verbal de la séance du 5 janvier 1813 expose que le
recouvrement de diverses créances est de la dernière
difficulté. Plusieurs débiteurs, dit-il, ont résisté à toutes
les demandes qui leur ont été faites par les voies amia-
bles. Il fallut donc se faire autoriser aux termes de la
loi par le Conseil de Préfecture, plaider contre des
débiteurs qui se croyaient libérés, et prendre à leur
égard tous les moyens de rigueur.

La Fabrique ayant récupéré une partie de ses fonds,
et s'étant procurée ce qui était absolument indispen-
sable pour l'exercice du culte, s'occupa des réparations les plus urgentes pour l'église elle-même. Son
délabrement était déplorable.

Le 14 décembre 1814, la Fabrique délibéra de faire
à neuf et en bois de noyer la porte de l'église située
au midi.

Le 9 octobre 1818, elle délibéra de faire des stalles
et un balustre pour couvrir la défectuosité la plus
considérable de l'église, ce qui serait propre, disait-
on, à faire supporter un retard pour les embellissemens dont elle manquait.

Le 14 avril même année, délibération pour faire la
boiserie du chœur. Les travaux furent adjugés par
soumission de lettre close au sieur Brunet, maître
menuisier, qui se chargea de leur exécution pour la
somme de 3,799 francs 25 centimes, etc., etc.

Après ces diverses réparations, la Fabrique ne pensa plus qu'à amasser les fonds nécessaires pour une restauration totale de Saint-Agricol, opération importante qui ne fut commencée qu'en 1832.

CHAPITRE VI.

Saint-Agricol, depuis sa restauration jusqu'à nos jours.

Les travaux que nous venons d'indiquer étaient partiels et Saint-Agricol avait besoin d'une restauration totale. En effet, les diverses réparations particulières n'avaient été entreprises, comme nous l'avons dit à la fin du chapitre précédent, que pour faire supporter un retard dans l'embellissement général. Il ne restera plus de doute sur la nécessité de ces travaux, après avoir lu la délibération du Conseil de la Fabrique métropolitaine et paroissiale, que nous avons indiqué plus haut et que nous transcrivons ici presque dans son entier.

« Un membre aurait observé (1848) que depuis le rétablissement du culte, et même depuis l'installation de notre révérendissime Évêque et l'établissement du Chapitre, l'église cathédrale offre encore un aspect qui fait gémir les vrais Fidèles, au point que les étrangers qui la visitent témoignent leur surprise, que depuis tant d'années on la laisse dans un état si peu décent....... Les Administrateurs reconnaissant la vérité dudit exposé, ont délibéré de supplier notre révérendissime Évêque d'user de tous les moyens auprès du Gouvernement, pour obtenir que des fonds soient employés à cet effet, etc. (1). »

Cette délibération fut sans résultat, et en 1832, Saint-Agricol était encore dans le même état à peu de choses près.

Qu'on se rappelle l'expression d'un témoin oculaire, M. Fransoy. Les forges dégradèrent infiniment cette église ; et de quelles paroles faudrait-il donc se servir pour qualifier son déplorable aspect, après que Saint-Agricol eût servi d'entrepôt-général aux entrepreneurs des poudres et salpêtres ? Outre la dégradation des voûtes, plusieurs piliers menaçaient ruine entr'autre celui de la chaire dont la base a été cerclée en fer.

Pressés donc par la nécessité et par l'honneur de la cathédrale, qui ne figurait pas assez pour un pareil titre, (c'est l'expression d'un auteur contemporain) et par le zèle de la Maison du Seigneur, le 28 septembre 1832, les Marguilliers mirent la main au grand ouvrage de la restauration. L'architecte du département de Vaucluse présenta un devis, portant les réparations à faire à l'église de Saint-Agricol ; il fut approuvé, et on convint qu'il serait exécuté successivement, en commençant par les plus urgentes. Les points principaux concernent les voûtes, les piliers, le crépit et le blanchissage, le dallage des nefs en pierre de taille ;

(1) Régistre des délibérations de la fabrique, tom. 1er, pag 85.

une tribune pour les orgues, servant de porche en même-temps, etc., etc.

Mais ici se présentent de nombreuses réclamations contre le crépissage et l'impur badigeon. Aujourd'hui surtout que la science archéologique a fait d'immenses progrès, l'amateur et l'artiste aiment à contempler un monument dans toute sa nudité première. Certes, ce n'est pas nous qui nous ferons l'apologiste des Vandales qui, sous prétexte de restaurer un édifice, en font disparaître toute la beauté résultant des formes architecturales. Nous sommes même loin de tout préconiser et de tout approuver dans la restauration de Saint-Agricol. Une restauration était impérieusement commandée par la nécessité ; nous croyons l'avoir prouvé assez clairement dans les observations qui précèdent, mais nous ne devons pas dissimuler que l'exécution aurait pu en être plus heureuse. C'est-là le sentiment commun. Pour nous, nous dirons volontiers anathème à l'ignorant barbouilleur qui avait promené un hideux pinceau sur le célèbre tombeau des Doni, quelque noir qu'il pût être sans respect pour les sculptures les plus délicates, les dessins originaux aux contours si gracieux ; les ciselures les plus fines, le moëlleux du travail répandu sur cette admirable composition de la renaissance : c'est là une véritable profanation.

Mais, avant de jeter les hauts cris, avant de condamner si impitoyablement les hommes honorables qui ont présidé à la restauration de Saint-Agricol, il nous semble qu'on devrait peser dans la balance de la justice et de l'impartialité les raisons que nous avons exposées plus haut.

Il n'en est pas d'un temple catholique destiné à être le palais du Roi des Rois, comme d'un monument purement artistique et ce n'a jamais été un crime de pouvoir dire avec David : *Domine, dilexi decorem domûs tuæ.* On conçoit qu'on crie à la barbarie contre l'ignorant architecte qui voudrait décorer la Maison-Carrée de Nîmes, l'arc de Marius à Orange, ou son antique Théâtre ; contre ceux qui laissent envelopper des monumens publics d'indécentes et indignes bicoques; disons le mot, tavernes, qui dérobent aux regards avides de l'artiste des formes extérieures qui sont loin d'être sans intérêt pour les études archéologiques, etc.

Mais nous ne concevons pas pourquoi il serait absolument défendu de rendre décent l'intérieur des temples chrétiens. (Il ne faut jamais oublier ni laisser oublier qu'une église est un lieu de prières, de méditation, de sanctification et que tout doit être en rapport avec la majesté, avec la gravité, avec l'austérité des principes religieux (1).) D'ailleurs, le bon sens nous indique assez qu'il y a deux sortes d'antiquité pour les monumens, l'une est réelle, et l'autre est factice. L'antiquité réelle est infiniment respectable, honte à celui qui y touche : je dirai plus, c'est là un crime contre la religion; car alors, selon une pensée célèbre, les pierres elles-mêmes crient et apportent leur témoignage séculaire en preuve de sa divinité. L'hérésie frémit à leur aspect, car elles lui rappellent qu'elle est d'hier et en fait de doctrines positives prouver leur nouveauté, c'est avoir démontré leur fausseté.

(1) Archéol. chrét.. par l'abbé Bourrasset.

L'antiquité factice n'est autre chose que la saleté ; et l'on ne doit pas la souffrir dans un édifice religieux. Oserait-on accuser d'ignorance et de barbarie le siècle d'Auguste? et cependant, le poète, ami de Mécène, Horace, n'a-t-il pas dit :

> *Delicta majorum immeritus lues*
> *Romane, donec templa reficeris*
> *Ædesque labentes deorum, et*
> *Fœda nigro simulacra fumo* (1).

Or, si ce principe est vrai, et nous le croyons incontestable, nous demanderons aux détracteurs de la restauration de Saint-Agricol, qui ont condamné si hautement non-seulement l'exécution, mais encore le projet en lui-même, nous leur demanderons, qu'était-ce que la trace de la fumée des forges qui *avait dégradé infiniment* cette église, qu'était-ce que la trace de la poudre et du salpêtre entassés dans son enceinte par milliers de quintaux; était-ce là une antiquité réelle ou factice? Sans doute, c'est un malheur que Saint-Agricol ne soit plus dans son état premier, mais un malheur qu'il faut imputer non pas à ceux qui ont tout sacrifié à la décence de la maison de Dieu, mais à l'iniquité des temps dont le souvenir vient encore si profondément affliger et l'âme de l'artiste et l'âme du chrétien.

(1) Romain, tu porteras, quoique innocent, la peine due aux crimes de tes pères jusqu'à ce que tu aie restauré les temples des Dieux, leurs édifices tombant en ruines, et leurs statues souillées par une injurieuse fumée.

Nous n'entrerons pas dans le détail des diverses réparations ; nous ne nous occuperons que de la tribune destinée pour les orgues ; mais auparavant, nous devons consigner une des plus hardies entreprises qui aient été tentées dans notre ville par la science de l'architecte. La tradition des faits isolés s'efface facilement de la mémoire quand ils ne sont pas consignés dans les archives publiques.

« Le 15 juin 1747, j'ai mesuré la profondeur du pilier de l'orgue de St.-Agricol (le plus rapproché du sanctuaire du côté de l'épitre), qui a 29 pans de profondeur. Ce pilier a été refait sous ma conduite par Arnaud et Joseph-Marie Notre, maçons des plus habiles et des plus hardis, puisqu'il a fallu mettre quatre voûtes en l'air. Ledit pilier ayant été sapé jusqu'à l'imposte des voûtes du bas côté ; l'ancien pilier n'avait que quatre pans de foudement, fondé sur terres transportées de quatre cannes de profondeur. »

Cette note écrite de la main même de M. Franque d'Avignon, architecte, frère du célèbre architecte de Paris, François Franque, son aîné a été copiée mot-à-mot sur un livre de raison appartenant audit M. Franque par M. Martin Moricelli, docteur en médecine, et trésorier de la fabrique de St.-Agricol. Le livre dont il s'agit lui a été communiqué par Mme de Verniette, fille de M. Franque. (1)

(1) Le 15 juillet 1747, le Chapitre vota une gratification à M. Motar, *architecte*, pour la reconstruction de ce pilier, et cette délibération se tait sur M. Franque. Il est difficile d'accorder ce silence avec la note citée dans le texte, probablement il faut dire que M. Franque donna le plan de cette périlleuse entreprise, et que M. Motar l'a dirigea.

ÉTABLISSEMENT D'UN ORGUE.

La tribune moderne construite pour recevoir un orgue n'est pas sans élégance, mais elle est vide, et c'est là son plus grand défaut.

En 1454, le chapitre avait donné pour la première fois, le prix fait d'un orgue, à frère Jean de Pratis, de l'ordre de Saint-Dominique, qui s'obligea à le rendre complet pour 70 florins, (1) à condition toute fois que le chapitre fournirait l'étain et toutes les autres choses nécessaires; mais cet orgue ayant beaucoup souffert par la reconstruction du chœur, le chapitre fut obligé de le refaire à neuf en 1489. Il en donna le prix fait au sieur Nicolas Petit, de la ville de Carpentras, et il en coûta en tout 752 florins. C'était à peu-près l'époque de la construction de la façade. Cet orgue a été depuis racommodé plusieurs fois (2). Il disparut à la révolution. Qu'est-il devenu? qui nous le dira? Il était placé à côté de la sacristie.

Notre église étant devenue cathédrale, et plus tard métropole, on sentit plus vivement que jamais le besoin d'un instrument si utile pour la pompe des solennités pontificales. Aussi le chapitre eut souvent la pensée de faire descendre à St.-Agricol l'orgue que la commune avait donné à la métropole de Notre-Dame-des-Doms. Voici comment s'exprimait le conseil de fabrique le 23 juillet 1832 :

(1) La valeur moyenne du florin est celle de notre ancien écu de 3 livres. Le florin d'or équivaut à 8 fr. 54 c.

(2) Inventaire des titres.

« Une observation aurait été faite relativement à l'orgue donné par la commune à la métropole, et placé dans l'ancienne église, c'est que les offices ne se célèbrent que deux ou trois fois l'année dans cette église. Cet instrument de musique si propre à relever les solennités du culte et à attirer les fidèles aux exercices religieux, devient en quelque sorte nul, indépendamment de la dégradation qu'il reçoit par le défaut d'exercice. Il paraît qu'il conviendrait de le faire placer dans l'église de St-Agricol où le chapitre se réunit journellement pour célébrer l'office divin. » Cette observation fut favorablement accueillie et le transport de l'orgue fut décidé ; (1) mais il ne s'effectua pas.

Le 12 septembre 1833, une souscription fut ouverte pour couvrir les frais de transport et de réparation. Déjà en 1825 (12 juillet), M. le comte de Cambis-Lezan avait légué à la fabrique paroissiale de St.-Agricol une somme de 400 fr., laquelle je veux et entends, dit-il dans son testament, qu'elle soit avec les intérêts en dérivant destinée et appliquée pour l'achat d'un orgue, lorsque la fabrique aura pu recueillir des fonds suffisans pour cette acquisition.

Le 21 octobre 1834, l'orgue destiné pour St.-Agricol, malgré toutes les délibérations possibles, occupait encore la tribune de Notre-Dame-des-Doms, et la Fabrique qui voulait absolument terminer cette affaire qui devenait plus qu'ennuyeuse, nomma une commission chargée spécialement de s'occuper de l'établissement de ces orgues si long-temps et si vainement attendues.

(1) Délibérat. de la Fabriq., t. 2, p. 139.

Il est étonnant qu'un projet si facile en apparence, sur lequel on était revenu si souvent, et pour l'exécution duquel on avait pris tant de mesures, soit resté sans résultat. Voici, selon nous, la clé de cette énigme : Entr'autres obstacles, le clergé de la paroisse était gêné dans ses opérations par le chapitre métropolitain qui le dominait et l'annulait, pour ainsi dire. L'esprit paroissial en souffrait et c'était un grand mal. Aussi il exista toujours une sorte de prévention entre ces deux corps, composés d'ailleurs d'hommes si recommandables, et le clergé paroissial qui craignait que le vénérable chapitre ne s'affectionnât un peu trop à St.-Agricol, déjà restauré en grande partie par ses propres deniers, tenait singulièrement à ce que l'orgue métropolitain n'y fut pas transporté, circonstance qui serait devenue un nouvel obstacle à une séparation définitive. Aujourd'hui, l'absence de l'orgue laisse un vide immense dans notre paroisse. Tous le sentent, et tous le disent, et l'étranger après avoir visité St.-Agricol ne manque jamais d'exprimer son étonnement, de n'avoir pas vu l'instrument ecclésiastique par excellence dans un si beau vaisseau. La Fabrique vient de faire un appel aux paroissiens, elle sera comprise, et on espère que bientôt on n'aura plus à gémir à ce sujet.

On a pu voir par la narration précédente que le chapitre était toléré seulement et qu'on ne le souffrait qu'avec peine dans St.-Agricol. Aussi, dans l'espoir d'une séparation prochaine dès le commencement de 1835, on s'occupait de reconnaître les objets appartenant à la Fabrique paroissiale et à la Fabrique métropolitaine. Cette dernière était la plus riche ; mais la paroisse ne recula devant aucun sacrifice, et le 7 mars

1836, parut une ordonnance royale qui rapportait le décret du 22 octobre 1810, apportant réunion du titre curial et de la cathédrale.

CHAPITRE VII.

Faits remarquables qui se sont passés dans St.-Agricol,
depuis le rétablissement du Culte.

NÉCROLOGIE.

Le 14 mai 1806, mourut M. Jean-Baptiste-Paul Pical, curé de la paroisse de St.-Didier. Il fut le dernier curé de la paroisse Ste.-Magdeleine. Il exerça ses fonctions dans cette église, depuis le mois de septembre 1797 jusqu'au 24 février 1803, époque à laquelle Ste.-Magdeleine cessa d'être paroisse et fut incorporée à St.-Agricol. M. Pical décéda à l'âge de 58 ans.

Le 7 janvier 1822, mourut M. Payot. Ce zelé et courageux paroissien. Dans le courant de la même année, la Fabrique délibéra qu'il serait fait un service solennel gratis pour le repos de son âme, en reconnaissance de ce qu'il avait fait pour l'église de St.-Agricol. Jamais honneur ne fut mieux mérité.

En 1825, M. le comte de Cambis-Lezan, maire d'Avignon, mourut à Lyon, au retour du sacre de Charles X. Il avait été nommé marguillier de Saint-Agricol le 30 avril 1811. La dernière séance du conseil à laquelle il a assisté est celle du 22 février 1825. M. de Cambis-Lezan et son épouse Anne-Marie-Gabrielle-Geneviève de Pusco de l'Estagnol, ont fait une fondation considérable et sont comptés au nombre des bienfaiteurs de la paroisse.

Le 12 juillet 1835, mourut M. Jean-François Chalbos, premier curé de St.-Agricol, après le rétablissement du culte. Il était âgé de 94 ans.

Depuis le nouveau Concordat, un évêque et trois archevêques ont siégé dans St.-Agricol. M. Jean-François Périer fut installé évêque d'Avignon le 10 messidor an X de la république (29 juin 1802). Il gouverna ce diocèse à-peu-près jusqu'à l'arrivée de Mgr. Maurel de Mons. M. Périer mourut le 30 mars 1824, chanoine-évêque du chapitre royal de St.-Denis. Il fut enseveli dans le cimetière du rocher des Doms. Il était âgé de 83 ans et 9 mois. Son épitaphe composée par lui-même et qu'on peut lire sur sa tombe a donné lieu à bien des commentaires.

Mgr. Étienne Maurel de Mons, fut installé dans St.-Agricol le 21 novembre 1822.

M. d'Humières prit possession de ce siége le 24 avril 1832.

Enfin, Mgr. Jacques-Marie-Antoine-Célestin du Pont, a été installé le 21 septembre 1835, et a siégé dans St.-Agricol jusqu'à la séparation de cette paroisse d'avec la métropole, effectuée le 7 mars 1836.

EXERCICES EXTRAORDINAIRES DU CULTE.

En 1819 eut lieu la Mission générale donnée simultanément dans les quatre paroisses de la ville par les missionnaires de France. Ces hommes apostoliques ressuscitèrent dans cette cité, qu'on se plaît à nommer la nouvelle Rome, la foi et la ferveur chrétienne que l'impiété révolutionnaire et les guerres incessantes de l'empire avaient considérablement affaiblies. La mission d'Avignon s'ouvrit le 1er dimanche de carême de l'année précitée. Le célèbre M. Guyon, aujourd'hui jésuite, était à la tête des missionnaires. La clôture de ces pieux exercices fut l'acte religieux le plus brillant et le plus solennel qu'on eut vu dans notre ville depuis le rétablissement du culte.

En 1826, au mois de mai, eut lieu le Jubilé prêché par les RR. PP. jésuites. Il fut ouvert par une procession générale à la suite de la grand'messe pontificale chantée dans l'ancienne église métropolitaine. Le buste de St.-Agricol y fut porté sous le dais.

En novembre 1827, le P. Guyon vint donner dans St.-Agricol une retraite générale. Le concours fut immense. Le produit des quêtes et des chaises fut si abondant que la fabrique de St.-Agricol fit don de 565 fr. pour la réparation du Calvaire élevé à la suite de la mission de 1829. Nous devons dire à la gloire de l'homme de Dieu qu'il est peu de maisons dans Avignon où l'on ne voie son portrait. Il est représenté revêtu du surplis et annonçant la divine parole.

PRÉDICATEURS CÉLÈBRES.

1o M. Guyon dont nous venons de parler.

2o En 1823, le P. Mac Carthy, jésuite, dont tout le monde connaît la réputation et le talent, a prêché l'Avent dans St.-Agricol. Il est inutile de parler de ses sermons que la presse a livrés à la publicité.

En 1825, le P. Desmazures, célèbre dans toute l'Europe, quêtant pour les lieux saints dont il est gardien, donna un superbe discours à la suite duquel une collecte fut faite pour son œuvre. Acte en fut dressé dans le registre des délibérations de la Fabrique.

Mgr. Flaget, évêque de Bardstown dans les États-Unis, et le P. Desplaces, jésuite, ont aussi illustré la chaire de St.-Agricol.

Nous ne saurions mieux terminer cette partie historique de notre Notice qu'en plaçant ici l'inscription des Fonts baptismaux de St.-Agricol, un des plus beaux blocs de marbre existant dans Avignon, soit par ses dimensions, soit par le fini du travail.

AN. DNI 1841, DIE 29 MAII

BENEDICTUM FUIT HOC BAPTIST.

DD. CASIOT, PAROCH. ET PRAES.

L. AUBANEL,

J. DE BERTRAND,

F. DÉRAT.

A. DUGABÉ,

P. MARTIN-MORICELLY, THESAUR.

F. ODE,

M. DE RÉGINEL-BARRÈME,

E. REYNARD-LESPINASSE,

HUJUSCE ST.-AGRICOLI ECCLES.

FABRICAM QUAM FELICITER

REGEBANT.

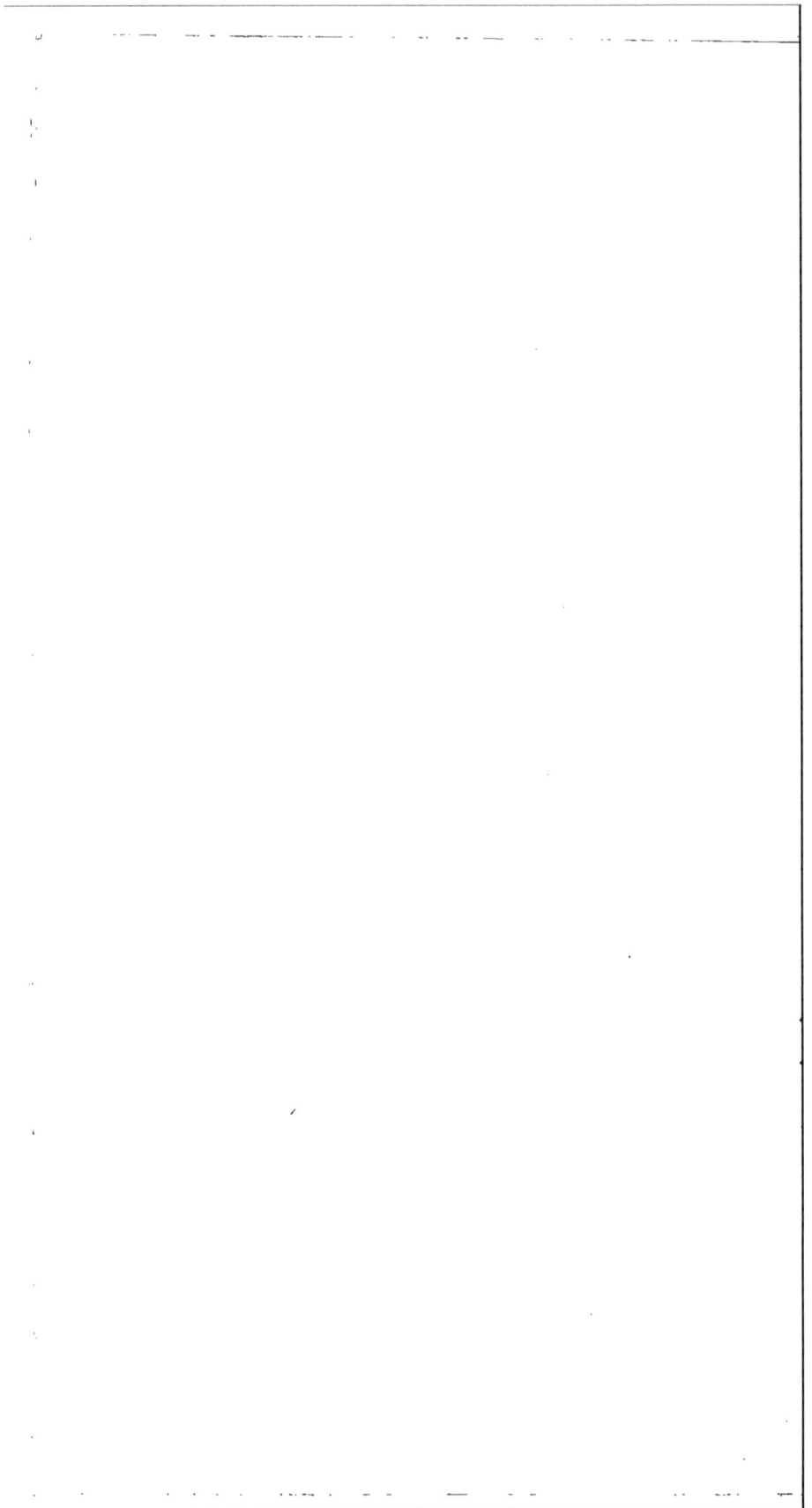

NOTICE
SUR L'ÉGLISE DE SAINT-AGRICOL.

———— ❊❊❀❊❊ ————

PARTIE ARTISTIQUE.

———— ❊❊❁❊❊ ————

SAINT AGRICOL DANS SON ENSEMBLE.

INTRODUCTION.

À la fin du douzième siècle et au commencement du treizième, une grande révolution s'opéra dans l'architecture en général, et surtout dans l'architecture religieuse. Le style byzantin, connu dans ses dernières périodes sous le nom de style Roman, et caractérisé par l'arceau à plein-cintre, fut abandonné progressivement dans toutes les parties de

l'Europe. La forme ogivale ou arc en tiers-
point vint remplacer le style Byzantin. Ce fut
l'époque des grandes constructions du moyen-
âge. L'ogive avait été plus anciennement connue, mais elle n'avait jamais été employée
comme système d'architecture. Le sentiment
contraire ne saurait être démontré.

Quel est celui qui le premier, a apporté dans
les constructions religieuses une modification
qui devait avoir des résultats si importans, et
qui devait élever l'art chrétien à un si haut point
de perfection; son nom peut être écrit au livre
de vie, mais il ne s'est pas trouvé dans ceux
des hommes.

Une grande dispute s'est élevée entre les
archéologues modernes pour découvrir l'origine de l'ogive en tant que système. Les uns
ont cru que l'ogive avait une origine Arabe ou
Mauresque. Ils ont appuyé leur opinion sur
certains monumens Égyptiens et Espagnols;
mais il a été impossible d'argumenter solide-
ment d'après des monumens qui ont subi de
majeures modifications sous les périodes ogivales.

D'autres archéologues ont pensé que l'ogive avait été importée en Europe par les Croisades. Cette opinion a été ruinée par de savans archéologues qui ont prouvé que les églises gothiques de l'Orient avaient été construites par les derniers Croisés eux-mêmes, ou du temps de la domination française dans cette contrée. D'autres, avec M. de Châteaubriand, ont trouvé l'origine de l'ogive et de son prodigieux élancement dans l'imitation des forêts du Nord. « Les forêts des Gaules, dit l'illustre écrivain, ont passé dans les temples de nos pères..... Ces voûtes ciselées en feuillages, ces jambages qui appuient les murs et finissent brusquement comme des troncs brisés, la fraîcheur des voûtes, les portes abaissées, tout retrace dans les églises gothiques les labyrinthes des bois. » (1)

Ce qu'il y a de plus probable et de plus certain dans cette question qui n'a pas encore été mise dans tout son jour, c'est que l'esprit du Christianisme peut revendiquer la meilleure

_____

(1) Châteaubriand, *Génie du Christ.*, part. 3, ch. 8

4

part dans cette heureuse et brillante révolution. Pour entrer dans cette pensée, il ne faut
pas se borner à considérer l'ogive en elle-
même; il faut embrasser le système tout entier.
« Allons demander aux artistes chrétiens où
» ils ont puisé leurs inspirations ; ils nous
» répondent : dans la foi catholique. Oui ,
» certainement , c'est la foi religieuse qui a
» enfanté ces magnifiques cathédrales qui fe-
» ront à jamais la surprise des siècles froide-
» ment positifs comme le nôtre , des siècles
» qui ne comprennent plus les œuvres de la
» foi. A cette époque où le style ogival prit de
» si glorieux développemens , la foi avait de
» profondes racines au cœur de tous les hom-
» mes, et cette foi se produisit extérieurement
» par des effets dignes de sa grandeur et de
» sa céleste origine. A l'enthousiasme des Croi-
» sades , succéda la sainte ardeur des cons-
» tructions religieuses...... On se croisa, non
» pour s'en aller guerroyer en pays d'Orient ;
» mais pour travailler humblement à l'œuvre
» de Dieu, de Notre Dame et des saints.....
» Tout, dans la cathédrale gothique prend

» voix et parle hautement. Il faut avoir perdu
» tout sens chrétien pour ne pas comprendre
» ce sublime langage. » (1)

Le style ogival compte trois périodes ou
époques. La première période commence généralement en l'an 1200 et finit en 1300. Elle
s'appelle ogive primaire ou à lancette.

La seconde lui succède en 1300 et se soutint
jusques en 1400. On la désigne sous le nom de
style ogival secondaire ou rayonnant.

Enfin, en 1400 arrive la période tertiaire
ou flamboyante qui fut remplacée par le style
de la renaissance vers le milieu du seizième
siècle. L'ogive disparut de l'architecture et le
plein cintre reconquit son premier empire.

L'abbé Bourasset, pag. 218, 219.

ÉTUDE 1.re

Extérieur de St.-Agricol.

Il est impossible aujourd'hui de donner une idée générale de l'architecture extérieure de St.-Agricol. Ce beau vaisseau est encombré au midi par une agglomération de maisons particulières qui le dérobent au regard et ne lui laissent découvrir que la masse imposante de son clocher à cinq étages et quelques fenêtres ogivales qui annoncent un monument religieux et gothique.

Les maisons dont je viens de faire mention se sont élevées dans l'espace qu'occupait jadis l'ancien cimetière annexé à la paroisse, et si des titres incontestables et la loi civile ne mettaient obstacle à l'exaucement de ces diverses constructions, bientôt Saint-Agricol disparaîtrait presque tout entier, la rue Orangerie qui le longe de ce côté étant une des plus belles et des plus animées de la ville. Les restes de l'ancien cloître cachent la partie du levant. Le nord seul, protégé par la petite rue Géline, est à découvert en partie. Les chapelles septentrionales élevées à différentes époques dans le courant du quatorzième et du quinzième siècle, et leurs fenêtres rayonnantes, offrent à l'archéologue un intéressant sujet d'étude. Une élégante plate-forme sert comme de base à St.-Agricol et met cette église à

l'abri des crues d'eau , même les plus extraordinaires.
Nous avons vu dans la terrible inondation de novembre 1840, dont le souvenir attristera encore long-temps
notre population, nous avons vu cette esplanade servir
d'embarcadère à toute la ville. Quatre degrés sépa-
raient encore le Rhône de l'enceinte sacrée.

Nous ne saurions donner des éloges à l'insignifiante
inscription que l'on peut lire sur le mur de façade en
montant le perron :

> AD DIVUM AGRICOLUM
> ACCESSUS FACILIOR.

Nous ne pensons pas que le chanoine de Véras l'eût
enregistrée dans son recueil.

La façade a été commencée vers l'an 1485, comme
nous l'avons prouvé dans la partie historique de cette
notice. Elle appartient au style ogival tertiaire ou flam-
boyant qui dominait dans l'architecture de cette époque.
La fenêtre qui éclaire la petite nef du côté de l'évangile
et celles qui surmontent la porte d'entrée ne laissent
subsister aucun doute à ce sujet. Ce sont les seules
de ce caractère dans tout l'édifice. Les autres antérieu-
res à celles-ci sont simplement à lancette.

La façade de St-Agricol n'est ni celle de Chartres
ni celle de Rheims, cependant elle ne laisse pas d'être
curieuse à étudier. Elle présente les principaux caractères du style de l'époque, si chrétien et si élégant. La
grande porte d'entrée a 8 mèt. 72 cent. de hauteur à
l'intrados sur 6-40 cent. de largeur à la base. Elle
va se rétrécissant, simulant ainsi une perspective
fuyante. Un imposte la coupe presqu'au milieu et

supporte un tympan dans la partie retrécie de l'ogive. La pierre disparaît sous le grand nombre des moulures prismatiques.

On s'étonnera de ne pas voir comme dans d'autres portiques de cette époque la représentation de la hiérarchie céleste, ou les couronnes et les guirlandes qui décorent la façade fleurie de St.-Pierre ; mais un des principaux caractères de l'architecture intérieure est la sévérité, et la façade illustrée de St.-Pierre eût été déplacée dans St.-Agricol. D'ailleurs, ce genre pouvait être peu avancé encore (1) à l'époque de la construction de notre façade, tandis qu'il était en pleine vigueur lors de l'élévation de celle de St.-Pierre, qui n'est évidemment qu'une copie enjolivée de celle que nous décrivons.

Un pilastre divise la porte en deux ; c'est là un des principaux caractères de l'architecture du moyen-âge dans ses diverses modifications. Tout était symbolique dans l'art chrétien : on plaçait assez ordinairement sur le tympan la représentation du jugement dernier ou le tableau allégorique du pèsement de l'âme. La porte divisée en deux représentait les deux voies qui conduisent à l'éternité, les deux sentences qui seront portées un jour pour décider le sort éternel du juste et du méchant. Quelle prédication sublime ! Le chrétien ne pouvait entrer dans le temple de la prière sans avoir devant les yeux le terrible symbole du jugement de Dieu. C'était-là comprendre la parole de l'Écclé-

(1) Les archéologues observent en général, que le Midi de la France, ne reçut que fort tard le genre Gothique, et par conséquent le développement de ses diverses périodes.

siastique : *Memorare novissima tua*, etc., etc. (1)

Un vœu a été émis dans le registre qui contient actuellement l'inventaire de l'église, ce serait de faire
disparaître le pilier dont nous venons de parler. On ose
espérer que ce vœu ne sera jamais réalisé.

Ce pilier porte adossée une statue de la Ste.-Vierge
qui semble dire aux pieux fidèles qui viennent chercher
le Seigneur: «hommes faibles et pécheurs, si vous voulez
vous présenter avec confiance devant le Dieu en présence duquel tremblent les puissances célestes, im-
plorez la protection efficace de celle qui fut sa mère.»

Deux anges placés à ses côtés, sur des piédestaux
soutenus par de gothiques jambages, nous apprennent
la dignité de leur reine, *Regina Angelorum* (2).

« Cette vierge, dit un auteur que nous avons souvent
cité, de même que ces deux anges que l'on voit sur les
côtés de cette porte, sont d'un style gothique. J'ignore
si la statue de la vierge est la même que celle qui y
était placée avant la révolution ; mais les statues des
deux anges prouvent que ceux-ci appartiennent à un
autre monument. Les statues de ces derniers sont également surmontées d'un dais. »

Tout le monde sait qu'il n'est rien de plus élégant et
de mieux fini que les dais et les piedestaux gothiques.
Ils réunissent à eux seuls presque tous les genres d'ornementation répandus dans le reste de l'édifice.

(1) Souvenez-vous de vos fins dernières et vous ne pécherez
jamais. Ecclés. c. 7, 40.

(2) On nous assure que M. Eug. Devéria a jugé ces deux
anges dignes de figurer dans son carnet d'artiste.

Les deux portes formées par la division de la colonne sont encadrées par la grande ogive du portail. L'architecture du moyen-âge exprimait ainsi le mystère sublime d'un seul Dieu en trois personnes, *Deus trinus et unus*.

Après que la porte proprement dite nous a appris les deux grandes vérités du christianisme, l'une m orale la punition du vice et la récompense de la vertu, l'autre dogmatique, la trinité des personnes et l'unité de la substance divine, après que son enseignement symbolique a excité notre respect et notre dévotion envers la mère du Christ, le tympan va aussi attirer notre attention et nous enseigner d'autres vérités non moins importantes ; c'est le mystère du verbe se faisant chair, pour réparer l'homme déchu. La vierge en prières lisait à genoux le livre de la loi et des promesses placé sur un pupitre, orné des plus jolies découpures ; l'ange Gabriel sous une forme céleste, lui apparaissait du côté opposé, la saluant pleine de grâces et lui annonçant que bientôt vierge elle concevrait l'Emmanuel. Les Vandales du dix-huitième siècle n'ont laissé subsister que le pupître ; la trace des autres figures est encore empreinte sur la pierre ; elle disparaîtra bientôt Le pupitre est un morceau intéressant. Le panneau qui envisage la plate-forme représente une de ces grandiôses fenêtres divisées par cinq ou six meneaux et surmontées par autant de trèfles et de quatre feuilles. Le côté où la Vierge était à genoux présente une porte entr'ouverte et offre aux regards une illusion parfaite. Il prendrait volontiers envie aux curieux de feuilleter le livre ouvert devant Marie.

Le Père éternel, avec les traits typiques du moyen-âge, tenant le globe terrestre entre ses mains, couronnait ce magique tableau ; cette figure a échappé à la destruction. C'est le principe de toutes choses, première source d'où découlent tous les autres mystères. Il contemple le globe, et tout esprit pensant devinerait la parole de St.-Jean : Dieu a tellement aimé le monde qu'il a sacrifié pour lui son fils unique (1). Cette explication est rendue saillante par la grande croix gothique qui s'élève jusqu'au sommet de la façade.

Il serait fort à désirer que ce tableau si instructif et si intéressant fut rendu à son premier état. Aucune réclamation ne saurait s'élever contre une intelligente restauration. L'on voit encore aux angles supérieurs de la façade les restes de deux gargouilles péniblement accrochées au mur lesquelles lançaient les eaux pluviales loin des fondemens de l'édifice. Il est impossible de les décrire ; la révolution ne les a pas épargnées.

(1) *Sic Deus dilexit mundum ut Flium suum unigenitum daret.*

4.

ÉTUDE 2^{de}

Intérieur de Saint-Agricol.

'EST assez nous être arrêtés sur le seuil du temple,
entrons. Quel coup d'œil ravissant! Non, le voyageur
qui arrive haletant sur le sommet de la montagne ne
découvre pas avec plus de sastifaction l'immense panorama qui se déroule devant lui. Avec quel plaisir le
regard s'égare un instant à travers les arceaux élégants
qui s'entrelacent et s'entrecoupent du porche au sanctuaire, du pavé à la voûte. Quelle hardiesse dans cette
voûte que l'ogive embellit en tout sens , suspendue
sur de svelte piliers qui s'élancent si gracieusement
cannelés par leurs nombreuses moulures; ils ne laissent apercevoir à l'œil abusé qu'un contour de 0,88
centimètres de circonférence. Ne dirait-on pas que
Saint-Agricol dans son ensemble a été jeté au moule
et fondu dans un seul et même instant? Changez le lieu
de vos observations , parcourez les nefs , arrêtez-vous
à quelque part que ce soit, et dans toutes les directions,
à travers les piliers et les arceaux une nouvelle église
viendra se dessiner à vos regards avec son porche, sa
nef et son sanctuaire. D'autres monumens l'emportent
par l'antiquité , par la hardiesse, par le grandiose,
mais pour l'élégance, Saint-Agricol, selon l'expression

d'un illustre voyageur, est une jeune fille coquette, ou si l'on aime mieux, une vierge de Raphaël ou de Mignard.

Ne nous contentons pas d'un coup d'œil général et entrons dans quelques détails.

1° Les piliers. Des écrivains ont pensé, ainsi que nous l'avons rapporté dans l'introduction, que l'architecture gothique avait trouvé son type dans les forêts du Nord; nous ne dirons pas que ce système soit vrai dans toute son étendue; mais nous croyons qu'il n'est pas dénué de quelque réalité, et en effet si l'on considère attentivement les piliers de la grande nef de Saint-Agricol; quelle est la première idée qui se présente à l'esprit observateur? Ces piliers élancés sans chapiteaux et sans couronnement, apparaîtront comme de grands arbres qui étendent leurs branches vigoureuses pour soutenir la voûte qui pèse sur eux. C'est le gothique pur, le gothique simple, sans ornemens, sans bouquets de fleurs, sans acanthes; en un mot, c'est l'arbre des forêts.

2° Avant d'arriver au fond du Sanctuaire, l'œil s'arrête borné par l'arc en saillie qui termine la nef. C'est l'arceau par excellence, en termes de l'art, c'est l'arc de triomphe sur lequel le regard va se reposer. On le trouve partout, et ordinairement il est couvert d'ornemens analogues au nom qu'il porte. Il nous semble que le peintre de la restauration de Saint-Agricol, a compris cette pensée archéologique, et que son pinceau l'a convenablement exprimée : il serait à souhaiter qu'il eût toujours été aussi heureusement inspiré;

3° Les voûtes sont suspendues avec élégance. Nous ne saurions donner des détails sur leur construction et leur appareil. Le badigeon recouvre entièrement la pierre. Les clefs sont armoiriées, les deux premières, ainsi que la façade, et pour la même raison portent le blazon de la ville. Les suivantes, celui de Saint-Agricol et les autres, divers ornemens. A l'époque de la construction générale, l'usage de ciseler ces pendentifs n'existait pas encore. Aussi nous croyons que ces ornemens ont été ajoutés à la voûte lorsqu'on a élevé la façade. Il eût été singulier que les deux arceaux ou restaurés ou nouvellement ajoutés à l'édifice, eussent possédé un genre d'ornementation dont auraient manqué ceux qui les avaient précédés;

4° *Les chapelles.* On est étonné de trouver tant de divergences dans les diverses chapelles; les unes sont profondes, les autres presque sans enfoncement. Les unes sont gothiques, les autres portent les insignes de l'art moderne. Enfin, elles ne conservent même pas les proportions de la largeur. Ces observations, lors même que les dates historiques et la science ne viendraient pas à notre secours, suffiraient pour nous démontrer que les chapelles de Saint-Agricol ont été élevées à différentes époques.

Saint-Agricol a donc été bâti sans chapelles. C'était dans son état primitif un carré parfait, en retranchant la façade et l'arceau y attenant. On sait que dans la première période de l'ogive, on ne connaissait que les transepts ou croisées formant la croix avec le sanctuaire et que les chapelles latérales étaient complètement ignorées. Lorsque l'église en possédait, elles entouraient l'abside, mais non les bas côtés. Ce n'est que dans le style rayonnant, que les chapelles sont devenues si fréquentes et en quelque sorte indispensables.

Chaque seigneur voulut avoir son oratoire, et chaque corporation de citoyens consacra son sanctuaire au saint patron qu'elle fêtait.

Les divers personnages qui soutiennent les arceaux des petites nefs, semblent presque tous avoir été copiés sur le même modèle. Les artistes chrétiens, sculptaient de préférence le triomphe du christianisme sur les dieux des païens, qu'ils représentaient écrasés sous la pesanteur des voûtes, ou bien encore les apôtres, colonnes et fondemens de l'église; mais ici il serait peut-être difficile de deviner la pensée de l'architecte.

———— ❦❦❦ ————

SAINT AGRICOL DANS SES DÉTAILS.

———❦❦❦❦❦———

CHAPITRE I.

Chapelles de St.-Agricol.

Nous traversons rapidement la tribune moderne qui sert de porche, et après avoir donné un coup-d œil au nouvel atlas à l'habit serré et boutonné qui soutient avec de pénibles efforts le cul-de-lampe de l'ancienne tribune, nous trouvons à droite sur un pilier du mur de façade et vis-à-vis d'un autre pilier un singulier personnage qni, par son regard et son geste, semble nous inviter à interroger le document que depuis plus de trois siècles il tint entre ses mains. Voyons ce qu'il a à nous apprendre. C'est du français, du français Avignonnais du quinzième siècle :

Vous qui me regardes ycy
Saiches q̃ suis este mis en
pour vous moustrer la chapelle
de laumousne quest si belle
de la petite fusterie
et affin q̃ lon ne loublie
elle est de ce antiez la
jusques es deux pilliez della.

La chapelle qui se présente à nous a porté le titre du Saint-Esprit jusqu'en 1815, époque à laquelle elle reçut celui de Saint-Agricol, à l'occasion d'un vœu fait pour obtenir la délivrance des malheurs qui menaçaient la ville. Cette chapelle, commé nous l'avons indiqué dans la partie historique, fut construite en 1391 pour servir à l'œuvre de la Petite-Fusterie, supplément de l'hôpital du pont St.-Bénezet. Lors de l'agrandissement de l'église en 1485, elle fut enclavée dans la nef, et les recteurs de l'Aumône firent graver les vers naïfs qu'on n'aura pas lus sans plaisir, pour perpétuer le souvenir de sa première destination. Avant d'entrer dans la chapelle, nous trouvons un modeste monument presque caché dans le mur où il est incrusté. Artiste, voyageur, n'oublies pas que la modestie voile souvent bien des vertus et des talens; arrêtes un instant tes regards sur le médaillon qui surmonte cette plaque de marbre noir, un des princes de l'architecture est en face de toi; tu l'as nommé, Pierre Mignard, d'Avignon. Illustre

dans la peinture et dans l'architecture, il était fils de
Nicolas et neveu de Pierre, dit le grand Mignard. Il
naquit dans notre ville en 1640. C'est lui qui a donné
les plans des superbes tribunes de Notre-Dame-des-
Doms, et de la façade de l'hôpital d'Avignon. L'abbaye
de Montmajour en Provence, la façade de l'église de
St.-Nicolas et la porte St.-Martin à Paris, sont ses
principaux ouvrages en architecture. Voici son épitaphe :

D. O. M.

PETRUS MIGNARD AVEN. GALL. PICTOR. REGNAE
REGIAE ACADEMIAE ARCHITECTURAE SOCIUS
NICOLAI PATRIS ET PETRI PATRUI OEMULUS
INTER PICTORES ET ARCHITECTOS
PRAECLARUS
MILITIAE CHRISTI EQUES TORQUATUS
INTEGRITATE ET COMITATE MORUM
AC ERUDITI IEGENII AMAENITATE
FLEBILIS
OB. AN. SAL. MDCCXXV. IV ID. APR.
AETAT. SUAE LXXXVI.

Nous donnerons pour l'utilité des personnes qui n'en-
tendent pas la langue latine la traduction des inscriptions les plus intéressantes et le sens de celles qui le
seraient moins. Voici celle de Mignard :

Pierre Mignard, l'Avignonnais, peintre de la reine de France,
membre de l'académie royale d'architecture, émule de Nicolas
son père et de Pierre son oncle. Il tint un rang illustre parmi
les peintres et les architectes. Il fut chevalier, décoré du collier

de l'ordre militaire du Christ. L'intégrité et l'aménité de ses
mœurs et la douceur de son caractère l'ont fait regretter avec
larmes. Il mourut l'an de grâce 1725, le 10 avril, à l'âge de
86 ans.

A côté de l'épitaphe de Mignard, se trouve une inscription ayant rapport à la fondation de la chapelle du
St.-Esprit. Elle est, selon l'expression du chanoine
Raymond de Véras, en très-anciens caractères gothiques. Elle est difficile à déchiffrer, soit à cause de la
forme des lettres, soit à cause du grand nombre d'a-
bréviations qu'elle renferme. Nous croyons faire plaisir
à nos lecteurs en transcrivant d'abord la pièce telle
qu'elle est sur la pierre, pour donner une idée du
genre en 1391. Nous la ferons suivre du remplissage
que M. de Véras nous fournit dans son recueil.

In noie dni amen ano einsd 1391 et die 13
decebr psens capella fuit fudata ad honore
sti sus et intrate vginis m et omnium stor de
bonis Guith Cialis qd.... qui hred sm dimisit
helemosinam poe fuster. et alior bnfactor hele
nde cuj. Guilles corus fuit tasfatu subt scablm
altar. existenbs bajulis Jone de Narbio etc.

Voici la même épitaphe avec le remplissage de M. de
Véras, sauf les premiers mots que cet auteur donne
en abrégé:

In nomine Domini amen. Anno ejusdem 1391 et die 13

decembris, præsens capella fuit fundata ad honorem Sti.-
Spiritus et intemeratæ Virginis Mariæ, et omnium sanc-
torum de bonis Guilhermi Vialis, quondam Turini, qui
hæredem suum dimisit eleemosinum parvæ Fusteriæ et
aliorum benefactorum eleemosinæ ejusdem cujus Guilhermi
corpus fuit translatum sublus scabellum altaris, existentibus
bajulis Joanne de Narbio...... Joanne Basterii et Gualberto
Nili Fusterio.

TRADUCTION.

Au nom du Seigneur, amen. La présente année 1391 et le
13 décembre, cette chapelle a été fondée en l'honneur du St.-
Esprit et de l'Immaculée Vierge Marie et de tous les Saints avec
les biens de Guillaume Vialis, autrefois citoyen de Turin, lequel a établi pour son héritière l'Aumône de la Petite-Fusterie,
et avec les legs des autres bienfaiteurs de la même Aumône;
le corps dudit Guillaume a été transporté sous le marche-pied
de l'autel, étant bayles Jean de Norbio, Jean Basterius, et
Gualbert Nil Fusterio.

Cette épitaphe est précieuse sous plus d'un rapport.
1° Elle fixe l'année précise de la fondation de la
chapelle (1391).
2° Elle renverse par le fondement l'opinion de ceux
qui ont cru que St.-Agricol anciennement ne consistait que dans cette chapelle, puisqu'elle ne faisait pas
même partie de l'église qui existait avant sa construction. La chapelle du St.-Esprit n'occupe que le quatrième
rang dans l'ordre des fondations;
3° Elle infirme par son silence la tradition populaire
qui assigne ce local pour emplacement à la maison de

notre St.-Patron. Il serait plus qu'étonnant que cette
tradition ne fût pas mentionnée dans l'inscription précitée, si elle avait existé lors de sa composition; (1)

4° Elle renferme une preuve traditionnelle de la
croyance de l'Église à cette époque, sur la perpétuelle
Virginité de Marie dans ces mots : *Intemeratæ Virginis
Mariæ*.

Nous voici arrivés dans la chapelle même. Son tableau
peint par Minoli, artiste Avignonnais, n'est pas sans
intérêt. Il est, dit-on, le chef-d'œuvre d'un mauvais
peintre. Il rappelle le vœu dont nous avons déjà parlé.
Il est surmonté d'un rétable qui porte cette sentence
de l'Écriture gravée dans un médaillon :

Hic est qui multùm orat pro populo. (2)

A la suite de l'épitaphe gothique que nous venons de
rapporter plus haut, nous trouvons celle du comte Ondédéi de Vezelay. Elle nous apprendra ce qu'était ce
personnage :

D. O. M.

COELO VIVIT IN TUMULO JACET

NOB. MAGNIF. VIR

D. D. AUG. LUD. VICT. GEORG. ONDEDEI

COMES DE VEZELAY

ALBANI GENERIS SEREN. PRINCIPUM

(1) Nous aimerions mieux dire avec plusieurs auteurs, que
l'église fut construite sur un local, appartenant à saint Agricol,
et dans lequel le saint aurait peut-être pris naissance.

(2) Voilà celui qui prie beaucoup pour son peuple.

CARDINALIUM EMINENT. COGNATIONE
PIAE MEM. CLEMENTIS XI P. O. M. AFFINITATE
PRAECLARUS
LEGATIONIS AVENIONEN. LEGIONUM PRAEFECTUS
PATRIAE PRAESIDIUM, MILITIAE DECUS, GENTIS DELIGIAE
LUGETE PAUPERES PATREM
CUJUS SI DEMPTA VITA SUPERSTES AMOR
PERENNI IDEO HOC DIGNUS MONUMENTO
QUOD OB PIAM ERGA NOS TANTI VIRI MUNIFICENTIAM
AUSPICE DEIPARA VIRGINE
REI PAUPERUM EROGATAE ILL. NOB. CURATORES
INTER QUOS ADSCRIPTUS DIU VIVIT
IN PERPETUAM MEMORIAM POSUERE
OBIIT XIV CALEND. FEBRI. ANN. MDCCXLIX.

Les titres du comte de Vezelay à notre reconnaissance et à notre amour sont trop beaux pour les laisser ignorer à la majeure partie de la population. C'est ce qui nous engage à donner la traduction de son épitaphe :

TRADUCTION.

Il règne dans le ciel, tandis que sa cendre repose dans la tombe, le noble et magnifique Seigneur,

Auguste-Louis-Victor-Georges Ondédéi, comte de Vezelay, illustre et par sa parenté avec les célèbres cardinaux de l'auguste famille Albaine, et par son alliance avec le souverain Pontife Clément XI, de pieuse mémoire. Il fut commandant des légions du Comtat d'Avignon, le bouclier de sa patrie, l'honneur de la milice et les délices de sa nation.

Pauvres pleurez votre Père,
Si sa vie s'est éclipsée, son amour nous reste encore.

Il s'est donc rendu digne du monnment éternel, que sous les auspices de la Vierge, mère de Dieu, les administrateurs du trésor des pauvres, dont il fit long-temps partie, lui ont dressé pour perpétuer à jamais le souvenir de ses bienfaits envers nous.

Il mourut le 19 janvier de l'an 1749.

Quel est l'homme de bien qui en lisant ces lignes ne désirera pas qu'on puisse lui adresser après son trépas, un éloge semblable? La mémoire du juste sera toujours en bénédiction.

Sous l'épitaphe du comte de Vezelay, nous en trouvons une autre dans le genre de l'inscription gothique rapportée plus haut : nous la transcrivons avec le remplissage de M. de Véras.

Ego Joannes Baptista Basterii Fusterius civis Avenionensis, ac bajulus Eleemosinae fusteriae pro anno domini currentis a nativitate MCCCXCI. elegi sepulturam meam in presenti loco et fuit mihi assignata de consensu aliorum combajulorum eleemosinae prædictae et tempore constructionis istius capellae.

TRADUCTION.

Moi Jean Basterii Fusterius, citoyen d'Avignon et bayle de l'Aumône de la Fusterie pour l'année courante 1391 depuis la naissance du Sauveur ; ai choisi ma sépulture dans le présent lieu, du consentement des autres Bayles de la même Aumône, et cela pendant la construction de la susdite chapelle.

Il ne nous reste plus qu'une seule épitaphe à relater, elle se trouve sur une plaque de marbre, encadrée dans le mur de gauche à l'entrée de la chapelle.

D. O. M.

D. SIMEONI PHILIOLO J. V. D. CARPEN ORIUNDO, CLIENTUM AVENIONI PER XLV ANNOS PATRONO INTEGERRIMO VIRO OEQUITATIS IMPENETRABILIS PRIMUM JUDICI ET ASSESSORI POSTQUAM VERGENTE ÆTATE DEVEXOQUE CORPORE SEPTUAGENARIUS DECESSISSET ID. QUINTI ANNO XP OO IOCI PARENTE SUAVISSIMO ATQUE ELEONORAE RHODIAE CONJUGI ALTERI PARENTI SAPIENTISS. FÆMINAE QUA ANNO AETATIS XXXVI. XP OO IOIXXX AD XIIII KAL. SEXT. MARITI EXITUM IMMATURA MORTE PRÆVERTERAT, MARGUARITA FILIA DOMINA DE RAMUZAT CONJUX BARTHAZARIS QUIQUERANI DOMINI A VENTABRENO TORMENTORUM BELLICORUM PRO SUMMO PONT PRÆFECTI HOC EXTREMUM FUNERIS OFFICIUM EXIBUIT. COMMUNEM TUMULUM MOERENS POSUIT SACELLUM DOTAVIT, SACRUM IN PERPETUUM DUASQUE ANNIVERSARIAS EXEQUIALES CELEBRITATES INSTITUIT, INSTINCTU PIETATIS MERITO OBSEQUII DUCTUSQUE OBSERVANTIÆ PARENTALIS.

Siméon Philiolo, de Carpentras, mourut en 1601. Il se fit remarquer par son amour pour la justice et par une intégrité à toute épreuve. C'est dire que les vertus qui forment les bons magistrats furent les siennes. Marguerite, sa fille, dame de Ramuyat, épouse de Balthazar de Quicqueran, seigneur de Ventabren, lui fit poser ce monument ainsi qu'à son épouse Éléonore de Rhodia.

CHAPITRE II.

Chapelle dédiée au St.-Crucifix.

ETTE chapelle a été primitivement connue sous le titre de St.-Lazare, auquel plus tard on a adjoint celui de notre Dame-des-Sept-Douleurs, aujourd'hui elle porte le nom du St.-Crucifix à cause du monument qui y a été transporté au rétablissement du culte. La chapelle du St.-Crucifix a été construite par le cardinal Guillaume qui voulut y être enseveli. Il y fonda deux bénéficiatures presbiterales en 1401, à la charge par ceux qui en seraient pourvus de célébrer la messe dans ladite chapelle au moins quatre fois la semaine.

La dépouille mortelle du cardinal Guillaume y a reposé; au temps ou écrivait l'auteur de l'inventaire des titres, presque immédiatement avant la révolution, on voyait encore à la voûte le chapeau qui désigne l'inhumation. Il a disparu aujourd'hui.

Le chapitre de St.-Agricol concéda cette chapelle à Gaspard de Ponte, protonotaire apostolique, qui la dédia à St.-Lazare, dont il fit peindre le tableau qui n'existe plus. Gaspard de Ponte mourut en 1587. Il fut inhumé dans la chapelle dont il avait été le restaurateur : nous y trouvons encore son épitaphe gravée sur une pierre plus que modeste, enchâssée dans la muraille, elle est ainsi conçue :

HIC JACET R. D. GASPARD DE PONTE,
S^{tæ} SEDIS APOLICI. PROTON. QUI PIIS
FUNDATIONIBUS FACTIS, CONSTITUTO SUO HEREDE
CAPLO. HUJUS-ECCLESIAE. OBIIT AN. SAL. NOST.
1587. DIE ULT JANU.

TRADUCTION.

Ici repose Gaspard de Ponte, protonotaire du St.-Siége apostolique, qui après avoir fait plusieurs pieuses fondations et ayant établi pour son héritier le chapitre de cette église, est décédé l'an de notre salut 1587, le dernier jour de janvier.

Le premier objet qui attire les regards dans la chapelle du Crucifix est un vaste tableau de bois sculpté en relief, représentant un Calvaire. Ce monument a été transporté à Saint-Agricol de l'ancienne paroisse Sainte-Magdeleine. Nous le croyons plus propre à exciter la piété des fidèles que l'admiration des connaisseurs.

C'est là que chaque mercredi de la sainte Quarantaine, a lieu le pieux et touchant exercice de l'adoration de la Croix. Le fervent paroissien de St.-Agricol n'entend pas, sans sentir remuer son cœur compatissant aux douleurs de l'Homme-Dieu, le chant majestueux et riche de poésie, du *Sanctus Deus, sanctus fortis*, etc·

Tout dans la chapelle du Crucifix s'harmonie avec

ces sentimens ; le Calvaire au milieu , Magdeleine pénitente d'un côté, et de l'autre, la Vierge-Mère pleurant sur son Fils immolé pour le salut des hommes.

Si les anciens tableaux qui, avant la révolution de 1789 décoraient la chapelle du Crucifix n'existent plus , nous croyons qu'ils sont avantageusement remplacés par celui de la Compassion de la sainte Vierge : nous le devons au pinceau de Nicolas Mignard, père de Pierre Mignard, dont nous avons rapporté l'épitaphe. Il faut dire pour être vrai, que ce n'est qu'une copie d'après le Carrache, mais les copies des Mignard valent des originaux. Sa hauteur est de 2 mètres 45 mill. et sa largeur de 1 mèt. 786 mil.

Ce tableau précieux, lors de la dévastation de l'église, fut transporté à l'Hôtel-de-Ville où il a demeuré jusqu'en 1816, époque à laquelle, d'après une ordonnance du ministre de l'intérieur, il fut rendu à sa première destination par M. de Cambis , alors maire d'Avignon.

Nous citerons encore comme dignes d'être remarqués, le portrait de J.-C. et celui de la sainte Vierge ; deux excellens tableaux de l'école romaine.

CHAPITRE III.

Chapelle de la Sainte-Vierge.

La chapelle de la Sainte Vierge est sans contredit une des plus belles constructions modernes dans Avignon. Elle n'a pas toujours été telle qu'on l'admire aujourd'hui. A la place qu'elle occupe s'élevait autrefois la chapelle de sainte Anne, qui fut vraisemblablement construite, dit l'auteur de l'inventaire des titres, par M. Gérard Guichard, chanoine-ouvrier; car par acte du 15 décembre 1396, ce chanoine y fonda une chapellenie. Dans la suite en 1572, elle fut au pouvoir de M. Pierre d'Anselme, seigneur de Jonas, et enfin, en la possession de Pierre de Blanc, marquis de Brantes (1702.) Ce seigneur la refit entièrement et la mit en l'état ou nous la voyons. Elle fut destinée, ainsi que l'indique une des inscriptions que nous rapporterons bientôt, pour la garde du St.-Sacrement de l'autel.

Ici, pour la première fois dans St.-Agricol, se montre l'architecture classique en présence du gothique des nefs.

Quel ravissant coup-d'œil ne résulte-t-il pas du mélange des divers ordres ! le dorique, le corinthien et l'ionien semblent se disputer à l'envie la gloire d'orner et d'embellir le sanctuaire de Marie. Qu'il est élégant ce dome qui le surmonte avec ses moulures si délicates, ses croissans et ses croix de Malte! quel goût, quel talent a présidé à cette riante composition! Qu'il nous suffise de dire que l'architecte qui en a peut-être fait son chef-d'œuvre, a mérité que ses concitoyens le surnommassent le Grand-Péru.

L'autel de la Ste.-Vierge est un morceau rare par la mosaïque dont il est presque entièrement incrusté. Deux statues en pierre décorent l'abside de la chapelle : les décrire, je ne le puis; qu'on parle du St.-Jean-Baptiste, passe encore, mais devant la Ste.-Élisabeth du grand Péru, il faut regarder, sentir, admirer et se taire.

Ces deux magnifiques statues, ainsi que l'autel et la Vierge de Coysevox, artiste lyonnais, n'eussent pas échappé au marteau révolutionnaire sans un pieux stratagème qui donna le change aux Vandales. (1)

A l'entrée de la chapelle se trouvent deux monumens correspondants l'un à l'autre : c'est peut-être le travail le mieux fini et le plus élégant de l'art moderne dans Avignon. Nous en transcrivons les inscriptions :

OLIVERIO DEL BIANCO NOB. FLORENT.

FATO FUNCTO III ID. NOV. M.DCXLI.

AETATIS SUAE LX.

IN HAC PONTIFICIA DITIONE

AERARII MILITARIS

PORTAE PALATII APOSTOLICI

ARMORUMQUE IN PLURIBUS CASTELLIS

PRAEFECTO

(1) On rapporte que l'abside de la chapelle fut masquée par un mur de fagots.

ET

ALEXANDRO FILIO

IN IISDEM PRAEFECTURIS SUCCESSORI

VIVIS EREPTO III NON. DECEMB. M.DC.XCV.

AETATIS SUAE LXXIV.

QUORUM CINERES HUC TRANSFERRI CURAVIT

PIISSIMUS ERGA PARENTEM ET AVUM

PET. DEL BIANCO MARCH. DE BRANTES

MONUMENTUM POSUIT

AN. M.DCC.V.

TRADUCTION.

A Pierre de Bianco, noble Florentin, décédé le III des ides
de novembre 1641 (11 novembre), à l'âge de 60 ans ; intendant
du trésor militaire, de la porte du palais apostolique et de
plusieurs forteresses de cette résidence apostolique,

Et

A Alexandre, son fils et son successeur dans les mêmes emplois, décédé le III des nones de décembre 1695, à l'âge de
74 ans.

Pierre de Bianco, marquis de Brantes, inspiré par la piété
filiale, a fait transporter dans ce sanctuaire les cendres
de son père et de son aïeul, et leur a élevé ce monument;
l'an 1705.

Il nous paraît impossible de définir la délicatesse des
génies qui se jouent aux pieds des deux monumens,
ceux qui décorent celui dont nous venons de rapporter
l'épitaphe, tiennent et se montrent deux écussons sur
l'un desquels on lit ces mots :

IN PULVEREM DORMIAM,

Et sur l'autre ceux-ci :

DONEC OPTATA VENIAT.

Voici l'autre inscription ; c'est un monument authentique de la foi et de la piété du noble marquis de Brantes :

SACRUM HOC

CHRISTO,

IN EUCHARISTIA LATENTI ASSERVANDO

DESTINATUM

ANGUSTUM, VETUSTATE COLLABESCENS

DENUO A FUNDAMENTIS ERECTUM,

AMPLIATUM, ORNATUM,

AC UNIUS IN SINGULOS DIES

MISSAE FUNDATIONE

AERE PROPRIO DOTATUM

O. D. C.

PETRUS DEL BIANCO,

MARCHIO DE BRANTES

AN. MDCCV.

TRADUCTION.

Cette Chapelle destinée à renfermer J.-C. caché sous les voiles Eucharistiques, était étroite et ruinée par le temps :

Pierre de Bianco, marquis de Brantes, l'a faite reconstruire entièrement et de ses propres deniers. Il l'a agrandie et ornée, et de plus, il y a fondé une messe pour chaque jour de la semaine, l'an 1705.

A l'entrée de la chapelle de la sainte Vierge, sont deux panneaux curieux, saint Agricol et saint Magne

CHAPITRE IV.

Chapelle de Sainte-Anne.

Cette chapelle prit le nom de sainte Anne lorsque celle qui portait ce titre fut mise sous le vocable de la sainte Vierge ; elle s'appelait alors saint Grégoire, plus anciennement elle fut connue sous la dénomination des Onze mille Vierges, et plus anciennement encore sous celle de sainte Aure, vierge et martyre, titre qu'elle portait en 1589. Le cardinal Bertrand la fit construire, ce qui est prouvé par un acte du 6 mars 1354, reçu par Bernard de Marchia, notaire à Villeneuve-lès-Avignon, contenant extrait du testament dudit cardinal, conçu en ces termes : *Item, legavit dictæ ecclesiæ Sanct· Agricoli pro ornamento capellæ, per eum ibidem constructæ, caput argenteum in quo est de osse capitis Sanctæ-Auræ·*

La chapelle de sainte Anne contenait un autel consacré à sainte Cécile, et les musiciens y avaient érigé leur confrérie. Cette fête ne se célèbre plus dans la paroisse de saint Agricol.

Par acte du 20 avril 1765, notaires Bermés, le chapitre céda cette chapelle à M. des Laurens, qui la fit reconstruire à neuf, et c'est celle qui existe aujourd'hui.

En 1768, Mgr. Antoine-Joseph de Laurens, abbé de

l'abbaye de Coëtmoleon et évêque de St.-Malo, fit réédifier et décorer à neuf ladite chapelle. On voit les armes de ce prélat au milieu de la voûte. (Note de **M.** de **Véras.**)

Actuellement la chapelle de sainte Anne est au pouvoir des saintes veuves de la paroisse qui montrent pour sa décoration un zèle admirable, c'est à leur piété que l'on doit le joli balustre en fer qui en ferme l'entrée. L'épitaphe de la famille des Laurens se trouve encore dans cette chapelle.

JUSTI IN PERPETUUM VIVENT

D. O. M.

VIRIS ILLUSTRIBUS HIC QUIESCENTIBUS, LUDOVICO DE LAURENTIIS, PATRIA NICENSI, MONETI DE LAURENTIIS EQUITIS CASTRORUM ET MILITIÆ PRÆSIDIS GUBERNATORIS NICENSIS, FILIO; JURIUM DOCTORI AVENIONENSI PAUPERUM PATRONO. PRO AVO SUO HIERONIMO DE LAURENTIIS LEGUM COMITI ROTAE DECANO, OMNIBUS MAGISTRATIBUS IN PATRIA LEGATIONIBUS, AD REGES CHRISTIANISSIMOS, HENRICUM II ET III. ET SUMMOS PONTIFICES, PIUM IV ET V. LAUDABILITER GESTIS A QUIBUS ET FRANCUM ALLODIUM PRO MINERBIENSIBUS ET PLENAM PRO PATERNIENSIBUS LIBERTATEM OBTINUIT. DECISIONIBUS ROTÆ AVENIONENSIS ET PLERISQUE COMENTARIIS IN TRACTATUS LEGALES VITAE INTEGERRIMAE SENI CENTENARIO AVO SUO... JOANNI DE LAURENTIIS VIRO RELIGIOSISSIMO HENRICUS DE LAURENTIIS DOMINUS DE LOLLIVE ROTÆ AVENIONENSIS AUDITOR AVITÆ DIGNITATIS SUCCESSOR QUIBUS IN VITA DEGENTIBUS OBSEQUII VOTA REDDERE NON POTUIT PIIS EORUM MANIBUS JUXTA PERSOLVERE POSUIT ANNO MDCL.

Plusieurs membres de la famille des Laurens sont men-
tionnés dans cette inscription. Le plus illustre est Jérôme des
Laurens, qui plusieurs fois fut envoyé en députation vers les
rois de France Henri II et Henri III, et vers les souverains Pontifes Pie IV et Pie V.

Il fut député à Rome par les Communautés (communes) de
Pernes et de Ménerbes dont le marquis de Castro Novo (Château-
Neuf), prétendait avoir la seigneurie. Jérôme des Laurens obtint
franc-alleu (exemption de la juridiction seigneuriale) pour
Ménerbes, et liberté entière pour Pernes. Dans un manuscrit
qu'on conserve encore, il est rapporté qu'à son retour de Rome,
le noble député visita ces deux pays. A Pernes on lui présenta
dans un bassin quelques pièces d'argent; soit qu'il trouva l'offrande trop minime ou trop inconvenante, il ne put s'empêcher de s'écrier : *O ingratitudo paterniensium.*

L'hôtel des Laurens était situé sur la place de Lunel (maison
Jouve). Éléonore des Laurens, épouse du prince de Tingry,
décédée à Paris, depuis quelques années, a été le dernier
membre de cette famille.

Les anciens autels et tableaux relatés dans l'inventaire des titres ne se trouvent plus dans la chapelle de
sainte Anne ; mais nous y trouvons en échange le tableau
de l'Assomption, sur lequel bien des sentimens divers
ont été manifestés : quelques-uns l'ont attribués au
Bourguignon, l'ami de Pierre de Cortone, d'autres
sont loin de le juger si favorablement.

On peut sans crainte signaler aux connaisseurs la
magnifique sainte Famille qui décore l'autel de sainte
Anne : elle est de **Trévizani** de l'école **Vénitienne.**

CHAPITRE V.

Tombeau des Doni.

En sortant de la chapelle de sainte Anne, on a en face le tombeau de la famille des Doni placé au fond de cette nef. C'est le monument le plus curieux qu'Avignon renferme. La renaissance s'y est en quelque sorte personnifiée. Le tombeau des Doni est à la renaissance ce qu'est à l'art gothique le tombeau de Jean **XXII** dans la sacristie de la métropole, celui d'Innocent **VI** dans la chapelle de l'Hôpital de Villeneuve, et la chaire curieuse de saint Pierre. (1) Le tombeau des Doni est sans inscriptions, mais sans crainte de se tromper on peut placer sa construction dans la dernière partie du **XVI**e siècle. L'artiste a voulu imiter le style Corinthien, mais avec toute l'ornementation de l'époque. Tout y est réuni corniches, chapiteaux, fronton, guirlandes, fleurons, rosaces, festons, monstres hideux, oiseaux nocturnes et fantastiques, tout a trouvé sa place sous le ciseau de l'artiste de la renaissance. Les détails de ce monument seraient infinis. Sur une hauteur de 7 mèt.

_____

(1) Il possède un avantage sur ces précieux monumens, c'est qu'il est unique dans son genre.

5.

64 c. et une largeur de 2 m. 92 c., (1) il serait difficile de trouver deux pouces carrés vides de sculptures. Il a fallu un homme d'une patience à toute épreuve pour exécuter un semblable ouvrage avec tout le fini, toute la délicatesse qu'on y admire. Le fronton qui surmonte et termine ce monument renferme une troupe de musiciens célestes dont l'aspect gracieux, produit le plus riant tableau.

A l'époque à laquelle on fixe la construction de ce singulier mausolée, vivait dans Avignon Pierre de Doni, chevalier de l'ordre du roi. Ce gentilhomme avait épousé en 1556 Jeanne de Baroncelli Javon, issue comme lui d'une famille d'origine Florentine. Il était fort riche ; il exerça les principales charges municipales de sa patrie, et joua un rôle important dans les guerres de religion. Je pense que c'est pour lui que fut construit ce monument digne d'être étudié par les amis des arts. A droite, presqu'en dehors du cénotaphe, se trouvent les armoiries de la famille de Doni et un ange gardien que l'on ne voit pas sans intérêt. Les deux statues de l'Annonciation, au centre sur l'autel, ne paraissent pas du même ciseau que les autres personnages.

La porte laterale de St.-Agricol qui dans le temps a été la principale entrée, comme nous l'avons indiqué dans la partie historique, se trouve à côté du tombeau de Doni ; elle a un porche assez grand qui renferme plusieurs objets d'arts capables d'intéresser Nous copions sur ce sujet l'ancienne Notice. « Au-

(1) Non compris la niche de l'Ange Gardien pour la largeur et pour la hauteur, non compris les personnages qui surmontent le monument.

dehors de la porte, sous l'ogive de droite sont réunies des sculptures du onzième siècle pleines d'intérêt. Des gardes cuirassés sont assis dans l'attitude du sommeil, devant le tombeau de Notre-Seigneur. Les trois Maries, chargées de parfum, reçoivent d'un ange la nouvelle de la résurrection. A côté, saint Agricol appuyé sur un jeune homme à genoux, leur fait signe de regarder plus haut; en effet, au-dessus d'un cul-de-lampe est placée la statue de J.-C. apparaissant à sainte Magdeleine.

Il est à regretter que quelques têtes aient souffert; ce qui nuit à ce petit monument, qui d'ailleurs, a conservé toute sa physionomie. L'ogive de gauche est vide: on y a déposé une jolie statue de la sainte Vierge, la même qui se trouvait primitivement sur la grande porte de l'église. »

Au-dessous, règne une corniche gothique de feuillage, découpée avec goût.

Nous pensons que ces diverses pièces ont appartenu à l'ancien saint Agricol avant Jean **XXII.**

CHAPITRE VI.

Le Sanctuaire.

Nous avons dit dans le chapitre IVe de la partie historique ce que nous pensions de l'architecture de l'abside,
agrandie en 1612. (1) Derrière le maître-autel, se trouve
le siége épiscopal demeuré vide depuis la séparation
de la Métropole et de la paroisse en 1836. La boiserie
est élégante, mais simple comme la plupart des ouvrages modernes.

Le maître-autel dû au ciseau du grand Péru, est
aussi distingué par sa forme, que par la réunion des
plus beaux marbres. (2) Le chapitre, dit l'auteur de

(1) Bien des personnages célèbres sont venu offrir leurs
vœux au Dieu du ciel dans le Sanctuaire de saint Agricol.

Louis XIV et la reine Anne d'Autriche, sa mère, assistèrent
dans cette église au sermon du R. P. Molin, jésuite, le 21
mars 1660, le dimanche des Rameaux sur les trois heures après-
midi, avec toute la cour, à la suite de laquelle était le cardinal
Mazarin.

Et de nos jours nous y avons vu une reine, Christine d'Espagne,
fuyant les horreurs de la guerre civile, et à son aspect nous
avons redit avec le Sage : *Vanité des vanités*, etc.

(2) Les artistes admirent avec raison le tombeau de saint

l'inventaire, le chapitre conçut le dessein de faire le grand autel en marbre et d'en paver aussi le Sanctuaire. M. Péru, architecte de la ville, en fit le modèle. Le chapitre lui députa M. de la Baume, doyen, et trois chanoines pour traiter avec lui et passer convention, ce qui fut fait le 31 mai 1766, et le 8 mars 1767, moyennant la somme de 9,200 livres, à la charge par M. Péru de faire exécuter le modèle dans tous ses points. Pour subvenir à cette dépense on ouvrit une souscription. Presque tous les membres du chapitre souscrivirent pour une certaine somme à donner pendant cinq ans, plusieurs particuliers de la ville en firent autant, ou donnèrent aux MM. du chapitre qui se chargèrent de faire une quête. Par délibération du conseil, M. Hyacinthe Charlet, étant assesseur, la ville donna 1500 liv., Son Exc. Mgr. Grégoire Salvirati, souscrivit pour 12 louis pendant les cinq années; mais ayant quitté la vice-légation peu après, à peine paya-t-il deux années. Enfin, cet autel fut fait et placé en 1773, et alors on établit une seconde souscription pour faire aussi paver le chœur en marbre. Mgr. François-Marie de Manzy, le consacra le 25 du mois d'août 1773, jour de la fête de saint Louis, roi de France. C'est aussi ce qui est contenu dans l'inscription suivante placée derrière l'autel près de l'exposition :

Magne et saint Agricol placé sous l'autel, les cornes d'abondance qui versent leurs richesses au pieds du saint monument sont admirables. Sur une nappe de marbre étendue sur le tombeau on lit ces mots : *SS. patrum Agricoli et Magni memoria.*

D. O. M.

ALTARE   HOC

IN HONOREM

ss. MAGNI ET AGRICOLI

DEDICATUM

DD. CONSLUM. VEN. CAPIT.

PIORUM CIVIUM

MUNIFICENTIA

ERECTUM

FRAN^{cus} M. DE MANZI, ARC^{pus}.

CONSECRAVIT

DIE XXV. AUG. MDCCLXXIII.

Cet autel magnifique et qu'on peut appeler monu-
mental était placé tout à fait au fond du Sanctuaire,
selon l'ancien usage. En 1828, Mgr. de Mons le fit transporter au milieu du chœur, et on ajouta à l'inscription
précédente ces paroles :

HOC IDEM ALTARE PENITUS DEMOLITUM

ET SIC A BASI SEPARATUM

DEINDE IN NOVO SANCTUARIO

REEDIFICATUM,   CONSECRAVIT

RR. DD. STEPHANUS, MARTINUS

MAUREL DE MONS, ARCHIEP.

AVENIONENSIS

PAR FRANC. HAC DIE

VII SEPTEMB. ANNI MDCCCXXVIII.

Lorsque l'autel fut placé en 1773, on déposa dans le
tombeau qui en supporte la table, des caisses qui contenaient les reliques de saint Agricol et de saint Magne,

mais avant d'y être déposées, les saintes reliques furent exposées à la vénération des fidèles dans la chapelle de saint Grégoire, aujourd'hui sainte Anne, où elles furent couvertes de fleurs. Une partie de ces fleurs fut mise dans des bourses avec cette étiquette : *pro rei memoriâ*, et fut déposée dans les archives du premier monastère de la Visitation Sainte-Marie où elle était précieusement conservée.

Déjà en 1612, époque de l'agrandissement du chœur, on avait mis sous le grand autel les corps des deux saints évêques, en présence de M. Ducis, alors archevêque d'Avignon ; on y apposa les vers suivans qui sont, si non barbares, du moins dignes de la renaissance. Ce sont des distiques (1):

Vir pius et sanctus, re magnus, nomine Magnus
Insignem genuit religione virum.
Agricolum sanctum genuit pietate nitentem.
Sunt ergo sancti, filius atque pater
Vos igitur sancti fili, genitorque beati
Pro nobis miseris ambo rogate deum.

Les distiques suivants, nous dédommageront de la lecture de cette pièce trop singulièrement écrite pour être traduite en français. Le poète a été plus heureusement inspiré. C'est l'épitaphe d'Eucher de Saint-Vital, évêque de Viviers : ce prélat est enseveli dans le chœur, mais la boiserie couvre entièrement l'inscription, qui cependant mérite d'être connue :

(1) D'autres disent avec plus de vraisemblance, que ces vers furent placés sur les reliques de saint Agricol, lors de leur transport dans notre église sous Jean XXII en 1321 ou 22. *Note de M. de Cambis Velleron.*

— 112 —

JUDICII MEMOR ESTO MEI DILECTE VIATOR

NAM SIC INDICIUM MOX ERIT INDE TUUM :

EUCHERIUS QUONDAM SANCTI-VITALIS HABEBAR

ET COMES ET PRAESUL VIVARIENSIS ERAM,

LUX AETERNA MIHI CLAROS EXTINXIT OCELLOS ;

FORSITAN EXTINGUET HAEC HODIERNA TUOS :

NIL TIBI PROMITTAS IGITUR DE LUCE FUTURA

NAM TE MORS SEQUITUR CORPUS UT UMBRA TUUM

EXORATE DEUM PRO ILLO , PRO MEQUE VICISSIM

UT REQUIESCAMUS SIMUL IN ARCE POLI.

AMEN.

OBIIT DIE 7 JAN. AN. D. NAT. MDLXXXI.

Nous devons la traduction suivante à la bienveillante amitié d'un jeune Associé de la Foi, déjà connu par plusieurs pièces intéressantes :

Voyageur, mon ami, souviens-toi, je t'en prie,
De l'éternel arrêt qui trancha mes beaux jours,
Car il viendra bientôt, en terminant ta vie,
Enseigner aux mortels qu'il s'accomplit toujours.
Jadis, j'étais Eucher de Saint-Vital, et comte,
Évêque de Viviers, et maintenant, plus rien;
Ce bel astre du jour, qui descend, puis remonte,
Eclaire ton regard, mais se refuse au mien.
Ne comptes donc jamais sur une heure future,
Car la mort te poursuit, comme l'ombre le corps;
L'homme ressemble au flot qui passe , qui murmure,
Et comme lui se perd dans l'Océan des Morts.

Ainsi, songe au trépas, à la vie éternelle,
A ton âme, à la mienne, au séjour des élus,
Et la Religion nous couvrant de son aile,
Nous montrera le ciel où l'on ne gémit plus.

Le principal tableau du chœur est le rétable, représentant le couronnement de la Sainte-Vierge, il est plus
intéressant sous le rapport du dessin que du coloris.
Nous avons dit dans la partie historique comment il
fut soustrait à la dévastation et au pillage. On y
retrouve plusieurs poses imitées ou plutôt copiées
de la Transfiguration de Raphaël : nonobstant l'opinion
de ceux qui donnaient ce tableau au Dominiquin, on
croit pouvoir assurer qu'il est plutôt de Simon de Châlons ; et en effet, ce maître a exécuté plusieurs ouvrages semblables qui ne sont que des copies ou des
imitations de Raphaël, on retrouve d'ailleurs la manière
de Simon de Châlons, dans le fond de paysage, dans
la forme découpée et les teintes vertes des monta-
gnes qui le terminent.

De tous les tableaux du chœur, nous ne citerons
que la Descente du Saint-Esprit sur les apôtres par
Guilhermis d'Avignon ; cette composition fort ordinaire sous le rapport de l'art, ne se fait remarquer
que par le singulier anachronisme de l'auteur, qui a
mis des bésicles sur le nez du prince des apôtres·
Ce tableau a toujours été à St.-Agricol. Guilhermis
vivait au commencement du 16e siècle. *(Notice sur les
Tableaux du Musée.)*

Si, après avoir examiné le Sanctuaire, on reporte les
regards au fond de la nef du côté de la porte d'entrée,

on appercevra dans tout son jour la grande fresque qui surmonte les deux tribunes : elle est attribuée à Pierre de Cortone. Elle représente saint Agricol, obtenant par l'intercession de Marie, la cessation d'un fléau qui désolait la ville ; malgré quelques modifications apportées par le temps à une portion des remparts, on reconnaît cependant avec plaisir, dans cette ancienne peinture, la porte du Rhône et le pont Saint-Benézet, on aperçoit même derrière le pont, une des petites îles que le Rhône formait alors à côté de la Barthelasse.

CHAPITRE VII.

Chapelle des Pauvres Femmes.

En sortant du sanctuaire du côté de l'Évangile, nous entrons dans la chapelle des Pauvres-Femmes ; avant la révolution de 1789 elle portait le nom de *Chapelle des Grilhet*, parce qu'elle avait été construite en 1546 par Philippe de Grilhet. L'inscription qui relatait cette date n'existe plus, mais l'inventaire des titres en fait mention. La chapelle des Grilhet servait de passage pour arriver dans celle des Merles, construite en 1539 par Poncet de Merles : elle a été convertie en maison particulière.

La chapelle des Grilhet a changé son nom en celui de chapelle des Pauvres Femmes d'Avignon, lorsqu'après la tourmente révolutionnaire cette Association si recommandable vint s'établir dans Saint-Agricol.

La Congrégation des Pauvres Femmes a pris naissance dans la grande place du Palais, l'an 1721. Monseigneur Salviati, vice-légat d'Avignon, rassemblait trois fois la semaine à la porte de son palais tous les pauvres de la ville, par les aumônes abondantes qu'il leur faisait distribuer; cette réunion de pauvres fournit à M. Jean-Pierre Calvet, natif de cette ville et élève du séminaire de Saint-Charles, le plus vaste champ pour son zèle. Ce digne prêtre, que la Congrégation reconnaît pour son fondateur, animé par le désir du salut de ces âmes, toujours chères à Jésus-Christ, et comprenant assez que leur empressement à se procurer les secours corporels leur faisait négliger les secours spirituels, résolut de leur distribuer lui aussi le pain de la parole dans le temps que la foule se rassemblait sur la place du Palais pour attendre la libéralité du prince. (1)

Mgr. de Gonteriis, alors archevêque d'Avignon, approuva et encouragea ce pieux projet Les instructions étaient simples et à la portée de l'auditoire, qui augmentait de jour en jour.

Le nombre des pauvres femmes devenant très-consi-

_____

(1) Extrait des Mémoires manuscrits, pour servir à l'histoire de la Congrégation des Pauvres Femmes.

dérable, on les forma en Congrégation, d'abord dans une salle du palais et ensuite dans la chapelle de Notre Dame-de-Salut.

Bientôt ce local fut insuffisant. Les personnes riches furent admises dans l'œuvre comme bienfaitrices, et dès-lors, la Congrégation prenant un vaste développement, elle parcourut les diverses paroisses de la ville selon les circonstances et les besoins de l'œuvre.

Enfin, le 11 novembre 1735, l'Association acheta un local et fit construire une chapelle dont elle put disposer selon son bon plaisir. Elle était située à l'angle nord des rues Sainte-Catherine et Banasterie; elle était pauvre et simple comme la Congrégation qu'elle devait contenir. C'est aujourd'hui un magasin d'entrepôt.

Il n'est pas besoin de dire que la révolution dispersa brutalement cette Congrégation, vendit les ornemens de sa chapelle et livra le bâtiment lui-même au prix illusoire de 6,480 livres de papiers-monnaie. Mais, dès les premiers jours du rétablissement du culte, la Société se réorganisa plus fervente, plus active et surtout plus bienfaisante qu'elle n'avait jamais été. Le clergé de Saint-Agricol la reçut dans son église, et lui continua les instructions familières dont les âmes simples et candides ont tant besoin...... Le tableau principal de l'ancienne chapelle de la Banasterie n'était ni de Levieux, ni de Mignard, ni de Parrocel; ces féconds génies de l'école avignonnaise, mais de ce bon François Vernet, père de l'immortel peintre des marines qui ne se crut peintre que parce que son frère et son neveu l'étaien', et s'essaya dans tous les genres. Il représenta la Vierge telle que la voulaient les pauvres femmes, c'est-à-dire, acceptant pour toute offrande le don d'un cœur pur. A la suppression de la Congrégation, le tableau de F. Vernet avait entr'autres objets passé dans les mains d'une des anciennes congréganistes ; elle en fit à la Société le généreux abandon : il est placé dans la chapelle des Grilhet (1). »

L'élégant autel de marbre qui la décore nous paraît dû au ciseau de Péru ; il était avant la révolution dans l'église du monastère de Sainte-Catherine. Les administrateurs des domaines nationaux en dotèrent l'Association renaissante.

La Congrégation des Pauvres Femmes a été rétablie dans Saint-Agricol en 1803 ; la plus ancienne date trouvée dans le registre des dépenses et recettes est du 24 juillet de l'année précitée. Les premières Mères furent des veuves, (2) elles se nommaient : Mère, Jeanne-Marie, veuve Praticoux ; Assistantes, Anne Boyer, Louise Bonnet et Briant, veuve Cartier. Nous pensons faire plaisir à la population avignonnaise en donnant ici le nom de toutes les Mères selon l'ordre des dates, depuis le rétablissement de la Congrégation :

1804, Augustine Rouvière. — 1805, Benedicte Mottard, née Rougier. — 1806, Marguerite Daruty. — 1807, Marie Coulon. — 1808, Marie Lafond, veuve Borel. — 1809, Catherine Poulin. — 1810, Marie-

(1) Écho de Vaucluse, du 9 mai 1841.

(2) Après les veuves, les femmes, et ensuite les demoiselles gouvernent à leur tour la Congrégation pendant une année.

Anne Combescure. — 1811, veuve Regnier. — 1812, Apollonie Reygnault. — 1813, Antoinette Bouquet. — 1814, Marie Payen, veuve. — 1815, Marguerite Reynard, née Duprat. — 1816, Cécile Guyon. — 1817, Reygnolt, veuve Bertheaud. — 1818, M.-A. Poulin, née Fériaud. — 1819, Madeleine-Françoise de Longchamps. — 1820, la Mère nommée n'ayant pas accepté, la place est restée vide (1). — 1821, Me Teissonnier, femme Daruty. — 1822, Madeleine Colomb. — 1823, Marie Mercier. — 1824, Marie Sauvan. — 1825, Anne Almaric. — 1826, la place est vacante. — 1827, Rose Maumet, femme Rastoul. — 1828, Adelaïde Seguin. — 1829, veuve Rhodes. — 1830, Me Chapuy, épouse Chauffard. — 1831, Thérèse Clément. — 1832, Anne-Marie Autier, veuve. — 1833, la place est vacante. — 1834, *idem.* — 1835, *idem.* — 1836, Susanne Plantinet. — 1837, Henriette Fabre. — 1838, Madeleine Desandré. — 1839, Madeleine Giéra. — 1840, Catherine Geoffroi. — 1841, Françoise de Carmejane. — 1842, Mère : Madeleine Alix Éparvier: Assistantes : Éléonore Castellan, Anne Nicolas, née Pascal, Françoise Sylvestre.

(1) D'après les règlemens, lorsque la Mère n'accepte pas, on n'en réélit pas une autre ; mais la place reste vide toute l'année.

A l'entrée de la chapelle des Pauvres Femmes on voyait du temps du chanoine de Véras un petit cadre noir sur lequel on lisait :

(C'est la où est le tombeau des MM. de Beauchamps), a la mémoire de M.me Héleine de Patris , dâme de Beauchamps .

> Fouler si souvent cette lame
> Qui couvre le corps d'une Dame
> De si parfaite sainteté ;
> Si bien le ciel nous y convie.
> Trop aimer ! quelle pitié ,
> N'est-ce pas devenir impie ?

> Là sont les cendres d'une Héleine ,
> Plutôt divine que mondaine ;
> Si grande parmi les mortels,
> Que, qui vivait à son exemple
> Aurait mérité des autels ,
> Comme elle était digne d'un temple.

> Les trois Vertus qui l'ont suivie
> Pendant tout le cours de sa vie :
> Foi, Espérance , Charité ,
> S'en vont maintenant vagabondes ,
> Cherchant en vain dans la cité
> Ce qu'on ne trouve plus au monde.

> La Foi , depuis qu'elle fut née ,
> Ne l'a jamais abandonnée ,
> Si bien éclairant son esprit
> Qu'avec une face sereine ,
> Elle reçut comme pour prix
> La mort que nous avons pour peine.

C'est par la vertu d'Espérance
Qu'elle avait la persévérance,
En tant de biens qu'elle faisait,
Si déjà par amour extrême,
Possédant ce qu'elle espérait,
N'était contente d'amour même.

Que dis-tu donc à sa mémoire
Passant, qui sais quelle est sa gloire,
Moins qu'un respect, plus que jaloux;
Mais lorsque tu viens en ce gîte,
N'aies que mains et que genoux,
Pour la voir telle que le mérite.

La chapelle des Pauvres Femmes renferme deux
nonumens remarquables : le premier du côté du
sanctuaire est celui des Grilhet eux-mêmes. En voici
l'inscription :

ANNO A CHRIS. NATO SESQUIMILL.

XLVII. CAL. JUN. D. OP. MAXIMO

VIRGINIQUE MATRI. CLAUDIUS

PHILIPP. GRILHETUS NOB. FAMIL.

A BURGIO BRESSANO. LUGD.

DIÆ NATUS. HOC SACELLUM DITAVIT.

TRADUCTION :

L'an 1547, aux Calendes de juin, Claude-Philippe Grilhet,
d'une noble famille, né à Bourg en Bresse, diocèse de Lyon,
a fondé cette chapelle en l'honneur du Dieu très-bon et très-
grand et de la Vierge Mère.

Ceux qui ont fixé à l'an 1648 l'érection de ce cénotaphe, ont été induits en erreur par le mot *sesqui*, qui n'a jamais signifié six cents, mais bien une fois et demie 1000 ou 1500 ans. On s'étonnera de nous voir relever cette date avec tant de minutie, mais il y a une distance infinie entre 1548 et 1648 sous le rapport artistique. La première époque coïncide avec le commencement de la renaissance dans plusieurs contrées, tandis que l'autre est l'ouverture du grand siècle de Louis XIV. Aussi, le tombeau de Grilhet est-il un monument curieux, non pas comme celui de Doni par les miliers de figures et d'ornemens qu'il renferme, mais par la singularité et la bizarrerie de ses personnages. Il est à déplorer qu'un ouvrage si intéressant soit presque toujours dérobé aux regards des amateurs par l'insignifiante armoire des Pauvres-Femmes.

Le second tombeau placé dans la chapelle des Grilhet est celui des Perussis; il est à gauche. Il a été construit en 1771; le style en est moderne et les colonnes qui supportent la corniche sont corinthiennes. Ce tombeau contient une longue épitaphe sur Louis-Elisabeth, marquis de Perussis; après l'énumération de tous ses titres, on lit :

VIR INGENIO, MORIBUS, RELIGIONE
INTER CÆTEROS SPECTABILIS
OFFICIOSUS IN AMICOS, IN PAUPERES BENEFICUS
IN OMNES FACILIS ET URBANUS,
QUEM CUNCTI CIVIUM ORDINES
VIVENTEM COLUERE, EXTINCTUM DEFLENT.
OBIIT AVENIONE, DIE XXI MENSIS SEPT.
ANNO M. DCC. LXXI.

6

AETATIS SUAE LXIX,
ET IN PROXIMO CEMETERIO INTER PAUPERES
EX TESTAMENTO SEPULTUS EST.

Après s'être rendu recommandable, non-seulement par de hauts emplois, mais surtout par les plus belles qualités du cœur, le marquis Louis-Elisabeth de Perussis mourut pleuré de tous les ordres de citoyens, et il voulut être inhumé au milieu des pauvres dans le cimetière alors attenant à l'église de Saint-Agricol.

Sur la corniche du cénotaphe sont gravés ces mots :

DIES MEI TRANSIERUNT ET SOLUM MIHI SUPEREST
SEPULCRUM.

Mes jours se sont écoulés, et il me reste seulement
Un Sépulchre.....
Et l'Éternité!!!

Nous ne sortirons pas de la chapelle des Pauvres-Femmes sans inviter le visiteur de Saint-Agricol à porter ses regards vers la voute de cette chapelle, c'est à lui de juger et d'admirer les magnifiques rosaces en pierre qui la décorent. On la dit la plus belle et la plus riche voûte d'Avignon.

CHAPITRE VIII.

Chapelle du Purgatoire.

côté de la chapelle des Pauvres Femmes est celle dédiée aux Ames du Purgatoire : c'est la première de la seconde nef. Elle était autrefois très-connue sous le titre de Notre-Dame-de-Lorette, et c'est depuis peu qu'elle porte celui du Purgatoire : ce n'est pas la première fois que cette chapelle change son nom. Les anciens documens, dit l'inventaire des titres, prouvent assez clairement qu'elle a été construite par M. Étienne Carrocheti, chanoine de Saint-Agricol, puisque, même avant 1400, elle était sous le titre de chapelle de Carrocheti. Elle fut ensuite sous celui de Saint-Jacques : c'est ainsi qu'elle est désignée dans l'acte du 13 avril 1611, notaire Guilaume Buffi, par lequel le Chapitre la concéda à M. Pompée Catelina, commandant de l'infanterie du pape dans Avignon, pour en faire sa sépulture. Il la répara entièrement, et la dédia à Notre-Dame-de-Lorette. Avant la révolution, on célébrait, dit de Véras, avec solennité et dévotion la fête de Notre-Dame-de-Lorette dans cette église, le 10 décembre.

Cette chapelle renferme la dépouille mortelle de

— 124 —

son réparateur. Son tombeau est des plus remarquables. On dirait au premier regard que l'architecte a voulu ressusciter les signes hiérogliphiques:
tout parle aux yeux dans ce monument, et il n'est
pas nécessaire de lire l'épitaphe tracée sur la grande
plaque de marbre noir, pour savoir que Pompée
Catelina a été un guerrier distingué. Ce monument est
surmonté d'un ovale concave qui contenait le buste
du héros, buste que la révolution a fait disparaître.
La corniche est sans ornemens, mais elle est soutenue
par deux superbes têtes de lion à gueules béantes qui
forment les chapiteaux. Ce n'est ni le toscan ni le
corinthien ; c'est le chapiteau de la force et de la
valeur ; une bande assez étroite s'agrafe entre les
dents des lions, et descend jusqu'au piédestal du monument. Elle soutient tous les ornemens qui forment
les pilastres, et ce sont les armes de l'époque. Des
étendarts flottent en sautoir, le tambour et le clairon
semblent prêts à retentir encore. L'artiste a réuni
autour du héros et le casque et la hache-d'armes et
l'arquebuse et l'arc et la flèche qui bientôt ne devaient plus armer le bras des guerriers des siècles
suivans. On y voit encore le modeste guidon et le
sabre à la poignée torse et les gantelets de fer, et
enfin le plus terrible instrument moderne des combats,
le canon sur son affut et semés autour de lui tout ce
qui sert à préparer ses foudres. Au milieu de la
corniche est une tête de mort aux ailes déployées;
de sa bouche entr'ouverte s'échappent deux branches de laurier et de chêne qui embrassent la plaque
de marbre derrière laquelle reposent les restes du
héros. Les armes promettent les honneurs et la

gloire; mais ces honneurs et cette gloire prennent leur
source dans la mort. Quelle belle et heureuse ins-
piration!

C'est au milieu de ce terrible appareil qu'apparaît
l'épitaphe de Pompée Catelina. Elle nous montrera que
si la patrie trouva en lui un intrépide défenseur, la
religion peut aussi revendiquer pour elle un titre si
beau pour le héros chrétien.

D. O. M. B. M.

NOB. POMPEIUS CATELINA EX REATE CIVITATE

ITALIAE. PREFECTUS MILITIAE PONTIFICIAE

PEDESTRIS IN CIVITATE AVENIONENSI. ET

COMITATU VENAÏSSINO, QUI PRAETER STRENUOS

ACTUS BELLICOS QUOS PRÆSTITIT TAM PRO

D. N. PP. PER S. XL. V. ANNORUM QUAM PRO

REPUBLICA VENETA, IN EXPUGNATIONE ARCIS

SCARDONAE, PER TURCAS OCCUPATAE NEC NON PRO

XRIANISSIMO GALLIARUM REGE IN OCCITANIA

PROVINCIA ET DELPHINATU, A QUO MERUIT

ORDINAE TORQUATORUM EQUITUM DECORARI

FUNDAVIT ET DOTAVIT PRAESENS HOC SACELLUM

IN HONOREM SANCTAE MARIAE LAURETANAE UTI

ETIAM DEVOTAM CONGREGATIONEM

POENITENTIUM DE MISERICORDIA. OBIIT M. DC. XIII. ATQUE

EJUS CORPUS IN PRÆSENTI

SACELLO REQUIESCIT.

TRADUCTION.

L'illustre Pompée Catelina, de la ville de Réati en Italie,
commandant de l'infanterie pontificale pour la cité d'Avignon
et le Comtat-Venaissin, outre les hauts faits d'armes qu'il fit,

tant au service des souverains pontifes pendant l'espace de 45 ans, que sous les étendards de la République Vénitienne, au siége de la citadelle Scardone, occupée par les Turcs, rendit encore d'immenses services au Roi très-chrétien, dans le Languedoc, la Provence et le Dauphiné, services qui lui méritèrent l'honneur insigne d'être décoré de l'ordre des chevaliers du Collier. Il a fondé et doté la présente chapelle en l'honneur de sainte Marie-de-Lorette ; il a été aussi le fondateur et le bienfaiteur de la dévote Association des Pénitens de la Miséricorde. Il a abandonné la terre le xi décembre de l'année 1613.

Et son corps repose
Dans cette chapelle.

Pompée Catelina passait, dit Pithon-Curt, pour un des plus célèbres capitaines du XVIIe siècle, et sa réputation était encore florissante en 1745. Il eut une fille nommée Marie, qui épousa François d'Orléans, 2e du nom, seigneur de Bedouin, surnommé le grand capitaine à cause de ses services. (*Nob. du Comtat, p. 306.*)

Il nous est impossible de dire ce que c'est que le monument opposé à celui de Catelina. Il est presque entièrement caché sinon dégradé par le confessional qui se trouve dans cette chapelle.

Le tableau du rétable du Purgatoire a été peint par Drivet, artiste Lyonnais ; il fut donné à la paroisse par M. le chanoine Blassier, décédé depuis quelques années.

On désirerait un peu moins de raideur dans la pose de la Sainte Vierge, et un peu plus de noblesse dans celle du Père éternel.

CHAPITRE IX.

Chapelle de saint Joseph.

L'AUTEUR de l'inventaire des titres de l'église de Saint-Agricol nous a conservé un monument bien précieux au sujet de la chapelle de saint Joseph. Voici ses paroles : *Cette chapelle fut bâtie par le pape Grégoire XI, siégeant dans Avignon ; ce qui est rapporté dans un livre intitulé : Véritable Dévotion à saint Joseph, imprimé à Amiens, chez Godart, dans les termes suivans : Grégoire XI, siégeant à Avignon, fit bâtir dans l'église Saint-Agricol,* LA PREMIÈRE CHAPELLE, *peut-être, qui ait été dédiée au grand saint Joseph, dont le culte aurait ainsi commencé dans Avignon.*

Grégoire XI est mort en 1378.

Ces paroles paraissent bien hardies et bien étranges au premier abord, mais si on y regarde de près, elles paraîtront moins invraisemblables et moins surprenantes. 1º En effet, saint Joseph est mort avant Jésus-Christ ; la tradition de l'Église est constante sur ce point ; saint Joseph a donc toujours été regardé comme un patriarche, appartenant plutôt à l'ancienne alliance qu'au nouveau testament. Or, dirons-nous qu'on nous montre des sanctuaires chrétiens, érigés en l'honneur d'Abraham, d'Isaac, de Jacob, de Josué, Samson, Jérémie, etc., etc., qui cependant, ont toujours été en grande vénération dans l'Église catholique parce que, comme dit saint Paul, (*Heb.*, ch. 11, v. 33.) *Per fidem vicerunt regna, operati sunt justitiam, adepti sunt repromissiones.*

2o Le culte de saint Joseph n'a pas pu s'établir dans les premiers siècles de l'Église : les Apôtres prêchaient à des payens, imbus des pensées les plus grossières et les plus charnelles sur la divinité. Ils leur annonçaient un Dieu né d'une Vierge. Les circonstances leur faisaient en quelque sorte un devoir impérieux, de passer sous silence, ou du moins de ne nommer que d'une manière mystérieuse celui qui avait servi au Sauveur de père nourricier. Cette réflexion nous paraît si évidente qu'elle ne nous semble pas exiger un plus ample développement. Les premiers chrétiens ne pouvaient donc être zélés pour le culte d'un Saint qu'on ne leur annonçait qu'à demi mot, s'il est permis de s'exprimer de la sorte.

3o Bientôt arrivèrent les jours de persécution ouverte et sanglante ; la pensée chrétienne pour le culte des amis de Dieu était toute entière attachée sur les tombeaux des Martyrs qui avaient versé ou qui versaient encore leur sang généreux pour Jésus-Christ, et saint Joseph n'était pas de ce nombre. Après ces réflexions, on ne sera plus étonné de ce que le culte si salutaire du Patron des Agonisans ait été si longtemps, je ne dis pas négligé, mais inconnu publiquement, ou mieux, canoniquement.

Grégoire **XI** est le dernier des papes que l'Église

gallicane a donné à l'Église universelle, et aussi le dernier pape légitimement élu qui ait siégé à Avignon. Il n'est donc pas étonnant qu'avant de quitter cette célèbre résidence, ce pieux pontife ait voulu laisser à Avignon un monument public de sa dévotion envers un Saint trop peu honoré et dont le culte ne pouvait être accrédité parmi les Fidèles que par l'exemple du Chef de l'Église.

L'épitaphe de Grégoire XI, dit Longueval, fait l'éloge de sa piété, de sa douceur et de sa doctrine; ces traits ne sont point exagérés; tous les historiens les ont reconnus en lui. Il employait tous les jours beaucoup de temps à la prière et répandait d'abondantes aumônes dans le sein des pauvres; tout donc, dans le caractère de Grégoire XI concourt à accréditer le fait que nous voulons établir.

D'ailleurs, cette chapelle n'a jamais changé de nom: elle a toujours conservé son titre de saint Joseph, tandis que toutes les autres ont perdu celui qu'elles portaient primitivement; si on en excepte saint Michel et sainte Barbe assurément les plus insignifiantes de toutes sous le rapport artistique. D'où vient donc cette vénération pour ce nom, tandis qu'aucun autre n'a été respecté, pas même celui de Notre-Dame-de-Lorette, si intéressant par le souvenir qu'il rappelle. D'où vient que, sous le régime féodal, aucune famille noble ne s'est empressée d'y imprimer ses armoiries, ses titres et ses qualités. Tandisque l'ancienne sainte Anne devenait la chapelle des Bianco de Brantes, et la nouvelle, celle des Laurens; tandis que la chapelle de saint Jacques recevait de Pompée Catelina le nom de Notre-Dame-de-Lorette, etc., etc., la chapelle de saint Jo-

6.

seph est toujours restée saint Joseph et purement et simplement saint Joseph.

Si une place particulière dans Saint-Agricol était capable de tenter la convoitise de la noblesse, c'était celle-là ; car, de saint Joseph on apperçoit tout dans les nefs et dans le sanctuaire, on est au centre de l'édifice. Avignonnais, jusqu'à ce qu'une autre église vienne interrompre notre prescription par des raisons plus fortes que celles que nous venons d'énoncer, nous serons en droit de proclamer hautement que nous possédons dans Saint-Agricol le premier sanctuaire élevé en l'honneur du glorieux saint Joseph, et élevé par les mains pontificales de Grégoire XI.

Il est à regretter qu'une chapelle si intéressante ne renferme que des tableaux qui nous paraissent assez médiocres.

Si nous n'avons pas de savantes toiles à décrire, saint Joseph nous offre du moins la plus intéressantes des épitaphes. Les ames sensibles ne la liront pas sans sentir leur cœur s'attendrir, et peut-être que cette page fera couler plus d'une larme.

D. O. M.

HIC EXPECTANT RESURRECTIONEM
CINERES THERESIAE DE LILIIS
PRAECLARÆ INDCLIS PUELLAE
QUAE EXIMIIS IN BREVI
PATIENTIAE, RELIGIONIS AC DIVINI AMORIS
DOCUMENTIS SUPRA AETATEM DATIS
QUIA PLACITA ERAT DEO ANIMA ILLIUS
NE MALITIA MUTARET INTELLECTUM
PRÆCOCI FATO SED MATURA VIRTUTE

ANNORUM XI DIERUM XXVII

AD AUREOLAM EVOCATUR

VI KAL. FEB. M. DCCXVIII.

PAULUS PETRUS DE LILIIS TUDERTINUS

FILIAE ULTRA MODUM CHARISSIMAE

SPERANS ET LUGENS POSUIT.

TRADUCTION

C'est ici qu'attendent la résurrection, les cendres de Thérèse de Liliis, jeune vierge au brillant caractère. De bonne-heure elle donna des preuves de résignation, de piété et d'a-mour divin qu'on n'attendait pas d'un âge si tendre.

Elle a été enlevée à la terre jeune encore, mais mûrie par la vertu, afin que la malice du monde ne corrompit pas son cœur innocent.

Elle ne comptait que onze ans et vingt-sept jours, lorsque son jeune front a été ceint de l'auréole, le VI des calendes de février 1718.

Paul-Pierre de Liliis de Tuderte a fait élever ce monument à la plus chérie des filles, dans l'espérance et le deuil paternel.

O religion sainte ! comme tu sais répandre le baume de la consolation sur les cœurs affligés. Qu'il est aimable ce dogme catholique, qui nous représente l'homme comme voyageur d'un instant aux terres étrangères, tendant vers une patrie plus fortunée, où la vertu nous rejoindra tous dans le sein du Père céleste, là où il n'y aura plus de séparation. *Sperans et lugens Posuit.*

Point d'ornemens sur la cendre pure de la vierge chrétienne, rien que l'emblème de notre mortalité, rien qu'une couronne de blanches roses à demi épanouies : elle est simple comme le jeune âge, candide comme la virginité.

Pauvre mère, ne pleure plus, ton enfant a ceint l'auréole de la gloire, que l'espérance seule fasse battre ton cœur maternel.

—

CONGRÉGATION DE SAINT JOSEPH.

En 1819, après la Mission prêchée par les Missionnaires de France, guidés par le célèbre M. Guyon, aujourd'hui jésuite, une Congrégation d'homme fut établie dans cette chapelle sous l'invocation de saint Joseph. Trois ans après, cette Association paroissiale eut un règlement, approuvé par Monseigneur Étienne-Martin Morel de Mons, Archevêque d'Avignon.

Nous ne saurions mieux faire connaître l'origine de la Confrérie de saint Joseph qu'en rapportant le procès-verbal de la première réunion tel que nous le trouvons dans les registres de cette pieuse Association.

Cejourd'hui 27 décembre 1819, sous la présidence de MM. Gauthier et Mazaudier, vicaires délégués par M. le curé (*Chalbos*), se sont assemblés dans la sacristie de Saint-Agricol, les hommes de la paroisse, pour former une Congrégation, sous l'invocation de saint Joseph.

Ont été nommés officiers de ladite Congrégation :

Recteur. — M. des Taillades.

Assistans. — MM. Minoli, Giraud.

Conseillers. — MM. le chevalier de Baroncelli, le marquis de l'Épine, d'Oléon, Deleutre père, Deleutre fils,

— 133 —

de Soissans, de Fléchier, de Cambis, de Jonquières.

Trésorier. — M. de Jonquières fils.

Secrétaire. — M. Itier.

Pro-secrétaire. — M. Galleron.

Maître des Cérémonies. — M. Mathieu.

Sacristains. — MM. Bontoux, Payen, Pepin, Passe, Charrière, Lacroix fils.

Chefs des Choristes. — MM. Jean, Aimond.

Visiteurs. — MM. Chaussand, Conon, Pilat, Hippolyte Cassin.

Les prêtres respectables chargés de la direction de cette œuvre, appésantis par le poid des années et surchargés, d'ailleurs, par les pénibles fonctions du ministère ne purent pas s'occupper directement de la Congrégation. Aussi, on lit dans l'article 14 du règlement : « Jusqu'à l'époque où l'on puisse faire des instructions particulières pour la Congrégation des Hommes, les Associés se réuniront pour participer aux instructions qui se font pour la Congrégation des Pauvres Femmes. »

Cet état de chose a persévéré jusqu'au 10 avril 1841. Alors a eu lieu une assemblée extraordinaire préparatoire à la retraite annuelle, il y a été décidé ce qui suit :

ART. 6.

« L'article 14 du règlement n'ayant pu être mis à exécution jusqu'à ce jour, pour ce qui regarde les instructions qui doivent se faire personnellement aux Confrères..... aura à l'avenir son effet. Les dimanches, quand d'autres exercices, processions ou prédications n'auront pas lieu, les Confrères se réuniront immédiatement après vêpres dans la chapelle de saint Joseph...... pour y écouter l'instruction qui se fera sur l'Écriture-Sainte en forme de commentaire, les exercices ne dureront jamais que demi-heure. »

Cette œuvre essentiellement paroissiale est appelée à produire des fruits merveilleux, si les hommes de la paroisse savent la comprendre. Il s'agit, en effet, de réunir tout ce qu'elle renferme d'ames véritablement et franchement chrétiennes. Déjà les assemblées de la Congrégation sont imposantes, et par le nombre et par les vertus et par le dévouement des Confrères. Mais tout n'est pas fait; nous disons donc avec l'envoyé de Dieu, Moïse : *Si quis est Domini jungatur mihi. (Exod.* **xxxii. 26.**) Que ceux qui appartiennent au Seigneur s'unissent à nous, et, formant dans la paroisse un corps compacte, nous combattrons avec plus de courage les combats du Seigneur, et la bonne odeur des Confrères de saint Joseph se répandra au loin, et elle sera efficace pour soutenir ceux qui marchent dans la voie droite, et pour ramener à la pratique de la religion ceux que le respect humain, cette plaie funeste en retient encore éloignés.

Et, puissent nos successeurs ajouter un jour à cette page le reste du texte précité. Tous les vrais serviteurs de Dieu se sont réunis à eux : *Congregatique sunt ad eum omnes filii Levi.*

—

Nous donnons ici comme à l'article des Pauvres-Femmes, la liste des Recteurs de l'œuvre, depuis son établissement jusqu'à nos jours :

1819, 1820 et 1821, M. des Taillades. — 1822, M. de la Tour-Vidau. — 1644, M. Joseph de Bertrand. — 1825, M. le comte de Cambis. — 1826, M. le marquis de l'Épine. — 1827, M. de Soissans. — 1828, M. de Fléchier. — 1829, M. Athenosy. — 1830, M. de la Tour-Vidau. — 1836, M. Athénosy. — 1838, M. de L'Épine. — 1840, M. Martin Moricelli.

CHAPITRE X.

Chapelle de sainte Barbe.

La construction de la chapelle, dit l'inventaire, qui est à présent sous le titre de sainte Barbe, peut être attribuée à la famille de Jean de Bisqueriis, puisqu'on trouve qu'en 1483 les héritiers de D^{lle} Madeleine de Bisqueriis fondèrent un certain nombre de messes qui devaient être célébrées à la chapelle de Sieur Jean de Bisqueriis.

La chapelle de sainte Barbe appartint ensuite à noble Sieur Sébastien de Bilhet, qui mourut le 14 septembre 1563. Il y fit faire un tableau représentant Jésus en croix à qui saint Sébastien offrait ledit Bilhet, du côté droit; et sainte Élisabeth offrait Élisabeth de Grosos, son épouse, du côté gauche. Ce tableau était dans le genre de ceux qu'on trouve dans la sacristie, et qui ont été peint par Simon de Châlons. Cette chapelle était donc appelée la chapelle du Crucifix, et ledit Bilhet y avait sa sépulture. En 1650, le chapitre en redevint propriétaire et il la dédia à sainte Barbe.

Alors une célèbre Confrérie fut établie dans cette chapelle, sous le nom de Confrérie du Saint-Sacrement; ce fut là une espèce de Fabrique et sous ce rapport, on voit avec plaisir les principaux articles du règlement placé en tête du registre de cette œuvre :

Art. 1ᵉʳ Il y aura, suivant la coutume, quatre Bayles ou Recteurs, des plus dignes habitans de la paroisse, deux vieux et deux nouveaux, pour s'informer et instruire des uns aux autres de l'état des affaires de ladite Confrérie; deux desquels Sieurs Recteurs seront élus toutes les années, par les quatre qui seront en charge, à chaque jour dimanche de Quasimodo, dans ladite église ou chapelle de sainte Barbe où ils s'assembleront tous quatre à une heure après midi, et noteront dans le livre l'élection des nouveaux Recteurs.

. . . . , . . .

Art. 3. Ils seront ponctuels d'assister tous quatre toutes les fois qu'on donnera la bénédiction du très-saint Sacrement dans ladite église et lorsqu'on apportera le très-saint Viatique aux malades de ladite paroisse; et auront soin de porter les écussons de ladite Confrérie, et de demander pour le luminaire du très-saint Sacrement. Ils auront aussi le soin de distribuer les flambeaux et fanals de ladite Confrérie toutes les fois qu'on apportera le Saint Viatique, et c'est à tous ceux qui seront dans ladite église et qui auront dévotion de l'accompagner. Et après la bénédiction

donnée, ils feront dire une messe basse dans la chapelle de ladite Confrérie de sainte Barbe, laquelle ils
paieront de l'argent du bassin des aumônes lorsque le
malade n'aura pas de quoi payer ladite messe, laquelle
sera célébrée pour la santé du malade.

Art. 4. Ils auront soin d'avoir toujours un quêteur
fidèle pour demander tous les jours dans ladite église
*pour le luminaire du très-saint Sacrement de l'autel et de
sainte Barbe .....* Ledit quêteur sera couvert d'une ca-
saque rouge ornée de l'écusson de ladite Confrérie de
sainte Barbe ...... le produit mensuel de la quête se
partageait entre la Confrérie et le quêteur, qui n'avait
pas d'autre salaire.

Art. 5. Ils (les Recteurs) seront avec grande assiduité dans ladite église de Saint-Agricol pendant toute
la quinzaine de Pâques..... pour écrire dans le livre
de ladite Confrérie le nom de tous les paroissiens qui
recevront leur Créateur, et en même-temps recueillir
les aumônes qu'ils laisseront à ladite Confrérie. Ils
auront la même assiduité dans la quinzaine du Pardon
général qu'est annuellement dans ladite église, après
les fêtes de Noël, pour faire la quête, distribuer les
flambeaux de ladite Confrérie, le premier jour du
Pardon et le dernier jour, comme aussi le Jeudi-
Saint lorsqu'on porte le Saint-Sacrement autour de
ladite église en procession.

Art. 6. Ils feront orner le mieux qu'il leur sera possible ladite chapelle de sainte Barbe toutes les années
le jour et fête de sainte Barbe, et feront donner la
bénédiction du très-saint Sacrement. Et pendant le
Pardon de Quarante-Heures, qui a été concédé à ladite chapelle, par bulles apostoliques...... Et le len-

demain dudit Pardon, ils feront dire et célébrer une grande messe de mort par MM. les Doyens et Chanoines de ladite église, aux dépends de ladite Confrérie; dans ladite chapelle et pendant ladite messe sera mis un cavalet, couvert d'un drap noir, avec quatre flambeaux ardents *sur la tombe de ladite Confrérie, qu'est dans ladite chapelle* . . . .

. . . .

Plusieurs fondations furent faites en faveur de la Confrérie du Saint-Sacrement et de sainte Barbe. Nous en rapportons ici quelques-unes :

La ville fesait à la Confrérie une rente de 12 livres de cire jaune en quatre flambeaux, payable le Jeudi-Saint.

M. de Galliens avait legué 12 livres de cire blanche en douze flambeaux, payables le jour de l'octave du très-saint Sacrement.

M. François Béraud, très-excellent maître de musique, légua à ladite Confrérie, par testament du 20 décembre 1677, un flambeau de cire blanche de la valeur de 40 sous, livrable le jour du Jeudi-Saint; pour être porté ardent à la procession qui se fait autour de l'église. Une deuxième pension de 3 liv. léguée par le même, s'accumulait dans le trésor de ladite Confrérie, pour être payée au premier enfant de chœur qui, sortait après avoir servi l'église de Saint-Agricol, à condition que tous les jours les enfans de chœur après leur messe et avant que d'aller à l'étude, chanteront à genoux dévotement devant la statue de la Sainte Vierge Mère de Dieu, qui est dans une niche à la chapelle de saint Joseph de ladite église, l'hymne suivante : *Sub tuam præsidium.* 28 enfans de chœur ont touché ce legs, dont la rente a été servie jusqu'en 1772.

Par testament du 50 avril 1669, Jean de Laurans, chanoine de Saint-Agricol, lègue à cette église la somme de 500 écus pour employer le revenu d'icelle à revêtir, chaque année, le jour de sainte Barbe, de neuf et de la tête aux pieds, trois pauvres nécessiteux d'Avignon. Le premier de ces pauvres était désigné, d'après le vœu du testateur, par le Chapitre ; le deuxième, par les Recteurs de sainte Barbe, et le troisième, par l'héritier du fondateur.

Par testament du 25 mars 1709, Antoine-Vincent de Guyon légua à la Confrérie de sainte Barbe 200 écus pour faire brûler 16 flambeaux d'une livre de cire blanche chacun, portés par MM. les Chanoines de ladite église, tous les jours de la quinzaine du Pardon pendant qu'on donnera la bénédiction du très-saint Sacrement, etc., etc.

M. Payot était Bayle de la Confrérie du Saint-Sacrement et de sainte Barbe en 1786, 1789 et 1790.

Les écussons de l'Œuvre étaient d'argent ; sainte Barbe y était représentée. Les Bayles en avaient quatre qui pesaient ensemble 12 marcs. On en fondit deux, avec la lampe de la chapelle, aussi d'argent, pesant 4 marcs, pour faire un buste de sainte Barbe, en argent. La Confrérie possédait également 4 chandeliers et 2 petits fanaux du même métal. Les fanaux servaient pour accompagner le Saint Viatique.

Le 19 juillet 1707, la Confrérie donnait à Marc Vinay, marchand orfèvre d'Avignon, le prix fait d'un buste en argent de sainte Barbe, à exécuter d'après un modèle en bois, et les dessins donnés par Péru, pour les

ornemens du pied. Le buste d'argent fin devait peser
20 marcs, la façon et la fourniture de 10 marcs de
métal coûtèrent 128 9 liv. 11 sols.

La Confrérie du Saint-Sacrement et sainte Barbe
contribuait à toutes les réparations et embellissemens
qui se faisaient dans Saint-Agricol. Ainsi, le 26 avril
1688, le prix fait du bois de l'orgue fut donné à MM.
Jean Pons, sculpteur, et Pierre Brunet, menuisier;
l'œuvre de sainte Barbe s'engagea à fournir la ferre-
mente et à faire couper une muraille. — Le 3 février
1699, elle s'unissait au Chapitre pour l'acquisition d'une
balustrade en fer à établir à l'entrée du chœur de
l'église. Cette balustrade avait quatre cannes et deux
tiers de pan de longueur et cinq pans huit pouces de
hauteur, sans le couronnement qui avait environ un
pan un tier. La Confrérie se réserva d'y faire placer
des urnes et les armes du Saint-Sacrement, en bronze.

En 1711, le Chapitre fit faire une tapisserie de Damas,
pour décorer l'église (1). La Confrérie en paya la moitié
et les intérêts de l'autre moitié pendant dix ans; voulant, dit l'acte, profiter du bon marché de la soie et
du peu de travail qu'ont les ouvriers. Cette tapisserie
était tendue gratuitement le jour de sainte Barbe. Le
prix-fait pour 180 cannes brocatelle cramoisie, filo-
selle et soie, sur trois pans de largeur, fut de 18 liv.
15 sous la canne.

L'an 1744 et le 20 décembre, dans l'église de Saint-
Agricol, à deux heures après midi, les Recteurs de
la dévote confrérie du Saint-Sacrement, unie à celle

(1) En 1748, un bref de Benoît XIV défendit sous peine
d'excommunication *ipso facto*, de la laisser sortir du chapitre.

de sainte Barbe, érigée dans ladite église, se sont assemblés......... M. Bassinet ayant exposé comme MM. du Chapitre sont en état de faire l'exaucement de la tour du clocher, et que la Confrérie pourrait y contribuer de quelque chose, si elle avait de l'argent, sur cela, ayant chacun opiné..... M. Bazin, trésorier de la Confrérie, a dit qu'il se trouvait des fonds en mains; sur cela, lesdits assemblés ont unanimement délibéré de donner audit Chapitre la somme de 50 liv. à chaque 1er janvier pendant six années consécutives. (*Délibération de la Confrérie, pag. 143.*) C'est M. Payot qui, comme trésorier de ladite Confrérie, a effectué les deux derniers paiemens.

En 1745, même invitation de la part du Chapitre, toujours à l'occasion du clocher, et même fidélité de la part de la Confrérie, etc., etc.

Enfin, l'hôtel-de-ville lui-même eut recours à la Confrérie de sainte Barbe, qui lui prêta 200 livres le 31 août 1712, pour, concurremment avec diverses autres sommes aussi prêtées, être employées au paiement des achats de blé pour la provision de la ville.

Le 23 juin 1786 et 1767, l'OEuvre du Saint-Sacrement payait à Hugues, maître de chapelle, 24 livres pour le mottet de la procession. En 1783, à Chapus, 24 livres pour le même objet.

Dans le livre des comptes de la Confrérie de sainte Barbe nous trouvons les deux notes suivantes :

Le 5 juin 1759, payé à M. Engallier 17 livres 10 sols pour la procession du jeudi de l'octave du très-saint Sacrement, où 160 ecclésiastiques du séminaire Saint-Charles ont assisté. —

Le 13 juillet 1749, reçu du Sieur Billot 6 livres pour

don qu'il fait à la Confrérie, pour éviter le charivari quand il se remariera.

Depuis la révolution cette chapelle a été à peu près abandonnée; elle est une des moins ornées. De nos jours, un zélé paroissien, a donné à la chapelle de sainte Barbe une jolie statue de sainte Philomène; la bénédiction solennelle en a été faite le 9 août 1841. Bientôt cette chapelle ne sera plus connue que sous le nom de sainte Philomène.

Sur le pilier qui sépare saint Joseph et sainte Barbe se trouve l'épithaphe suivante :

D. O. M.

JOSEPHO BONAVENTURÆ

PATRICIO ROMANO

PEDITATUS PONTIFICIS AVEN.

PRÆFECTO

EJUS JUSSU CASTRENSI PECULIO

IN PAUPERES EROGATO.

SACRIS ANNUIS IN HAC ECCLESIA

INSTITUTIS

PIETATIS ET RELIGIONIS

MONUMENTUM

AM. P.

OBIIT KON. MART. AN M. D. CCXIII.

C'est un ami qui a fait ériger ce monument au pieux et charitable Joseph Bonaventure, commandant de l'infanterie pontificale dans Avignon. Ce serait M. le marquis de Brantes lui-même, d'après le chanoine de Véras. Autrefois on voyait le buste du guerrier dans l'ovale qui surmonte la plaque de marbre. Joseph Bonaventure mourut en 1713 à l'âge de 63 ans.

Le rétable de sainte Barbe est un bon tableau, mais qui a souffert. La Présentation et la Fuite en Egypte ne sont pas sans intérêt : le Paysage de ce dernier est curieux pour le nombre et le fini des détails. Ces tableaux sont dûs à la piété d'un paroissien qui en fit don peu après le rétablissement du culte.

CHAPITRE XI.

Chapelle de saint Michel.

D'APRÈS l'inventaire des titres, la chapelle de saint Michel fut construite par les exécuteurs testamentaires de Sieur Pierre Gauterii, en 1355. Elle fut ensuite remise à M. d'Elbene qui y fit quelques réparations, mais ses successeurs l'abandonnèrent ensuite et la remirent au Chapitre, qui y fit placer le tableau de saint Benézet retiré de la chapelle qui était sur le pont du Rhône. Saint Michel était la dernière chapelle de ce côté avant l'agrandissement dont nous avons parlé longuement dans la partie historique.

Sur une plaque de cuivre qui est contre la muraille entre les chapelles de saint Michel et de sainte Barbe, on lit :

HIC JACET NOBILIS AC PERILLUSTRIS

D. FRANCISCUS SEBASTIANUS CALVETUS

JURIS UTRIUSQUE DOCTOR AGGREGATUS

IN FORO AVENIONENSI ADVOCATUS.

IN ALMA UNIVERSITATE PRIMICERIUS

JURIS SCRIPTI, STUDIO ET LABORE PERILLUSTRIS

JURIS HUMANI DICTIS ET FACTIS RETINENTISSIMUS

JURIS DIVINI, VITA ET MORTE OBSERVANTISSIMUS

OBIIT IV IDUS JANUARII AN. SAL. 1695

ÆTA. 71.

POSUIT AMORIS SUI MONUMENTUM MOERENS FILIUS.

François-Sébastien Calvet fut un magistrat distingué, illustre dans toutes les parties du droit, soit écrit, soit humain, soit divin. Il mourut en 1695, à l'âge de 71 ans.

La chapelle de saint Michel renferme encore les distiques suivans, gravés sur une pierre jadis dorée :

SICCA SUB HOC TUMULO FURMENTI MEMBRA TEGUNTUR

NICOLAI, HAS ARAS, HOC OPUS ILLE DEDIT

NUMINIBUS MAGNIS COLLECTIS MUNERE DIGNUS

ARCEM AD PERPETUAM CONVOLAT ILLE LIBENS.

MANIBUS HIC REQUIES, PAX DEI, CÆLESTIA SUNTO

URNA QUANDO CINIS VENTUS ET UMBRA SUMUS

AUGUSTINA CUI JOVENA EST JUNCTA MARITO

PROQUIBUS HÆC DICAS PACE QUIESCANT.

AMEN.

TRADUCTION.

Cette froide pierre recouvre les restes arides de Nicolas Furment. Cet autel, ce tableau sont dus à sa bienfaisante piété.

Ses vertus le rendirent digne des hauts emplois qui l'honorèrent. Son âme prit, joyeuse, son essort vers l'éternelle demeure; que ses cendres reposent tranquilles; que la paix de Dieu fasse ses délices dans la cité des Saints puisque tout est cendre, poussière et ombre au terrestre séjour.

Augustine Jovene lui fut donnée pour compagne. Passant, dis pour tous les deux : qu'ils reposent en paix. Ainsi soit-il.

Le rétable est un fort bon tableau du patron de la chapelle; il a été peint, d'après Raphaël, par Sauvan, élève de Parrocel (1).

Cette chapelle renferme encore un joli tableau représentant saint Éloi; il est de l'école française.

CHAPITRE XII.

Chapelle de sainte Apollonie.

Lorsqu'en 1485, on voulut faire la façade de Saint-Agricol, Jean Chabert de Barbantane, fit don au Chapitre de 300 florins pour aider à sa construction; mais à condition que celui-ci ferait bâtir une chapelle à côté de la porte de l'église; c'est celle

(1) Ce tableau, donné à Saint-Agricol par Mme la marquise de Forbin, fut béni en présence du Chapitre dans le mois d'octobre 1777.

7

dont nous nous occupons. Elle est étroite et peu pro-
fonde; la rue Geline la borne par derrière; mais on
peut dire que c'est un ouvrage soigné. Le tableau de
sainte Apollonie, que l'on dit être de Mignard , se
trouve actuellement dans la sacristie.

Cette chapelle a changé de destination ; on vient d'y
placer les fons baptismaux, qui sont loin de la déparer.

L'inscription qui parle de M. de Chabert vient aussi
d'être déplacée ; elle était enchâssée dans la muraille
du côté de l'épître ; elle est aujourd'hui sur la façade
intérieure de l'église, mais en-dehors de la chapelle :

IN LEGIBUS LICENTIATUS DOMINUS

JOANNES CHABERTI DE BARBENTANA

TUMULO IN HOC SITUS EST QUEM

TESTAMENTO SIBI CONSTITUI MANDAVIT

QUEM ADMODUM JUVENEM PRÆ NIMIO

LABORE STUDIORUM IMMATURA MORS

RAPUIT ANNO SALUTIS 1486 DIE XIV SEPTEMBRIS.

TRADUCTION.

Dans ce tombeau repose M. Jean de Chabert de Barbentane,
licencié illustre par sa science dans les lois. Il a ordonné,
par son testament , qu'on déposât ici sa dépouille mortelle.
La mort l'a atteint à la fleur de son âge, consumé par une
trop grande application à l'étude, l'an du salut 1486, le 14
de septembre.

CHAPITRE XIII.

La Sacristie et le Clocher.

E{n} nous rendant à la Sacristie nous remarquerons à l'entrée de la grande nef du côté de l'épitre, adossé au premier pilier, ce gigantesque bénitier qui arrête l'artiste et par sa forme grandiose et par la singularité de ses sculptures ; nous remarquerons encore le bénitier non moins curieux de la porte latérale. Il mérite assurément un regard d'amateur.

La Sacristie, ouvrage du XVI_e siècle, est la plus belle de toutes les sacristies d'Avignon, et par sa boiserie et par ses tableaux. Quoique nous n'ayons trouvé aucun document sur son origine, on peut cependant en attribuer la gloire à la famille de Perussis, dont les armes s'y trouvent sculptées. La boiserie porte l'empreinte de la renaissance. Des guirlandes de fleurs couvrent les pilastres, elles sont généralement admirées par les connaisseurs. Il serait à souhaiter que le plafond entièrement nu, fut décoré d'une manière analogue au reste de la composition.

Parmi les tableaux de la Sacristie il faut citer, dans la première salle, une sainte Agathe conservée et ren-

due à Saint-Agricol par le peintre Gordot. M. Gordot
dit, dans l'acte de donation, que c'est un original de
Nicolas Mignard. Dans la seconde, 1° une très-belle Annonciation sur bois, l'Ange et la Vierge sont admirables
d'expression, et la pose en est des plus heureuses ;

2° Jésus-Christ lavant les pieds à ses Apôtres, dans
la manière du Guerchin ;

3° Deux panneaux attribués à Simon de Châlons. S'il
faut en juger par les écussons qu'on y remarque, le
seigneur de Pommiers, Nicolas Grilhet avec un de ses
pages ; Julien Grilhet, seigneur des Taillades et Hélène
de Gondi, son épouse, en prières ; derrière eux on
aperçoit saint Agricol, saint Julien et sainte Hélène.
Dans un fond de paysage, extrêmement gracieux, il
semble que l'artiste ait voulu retracer une esquisse du
pont Saint-Bénézet.

Il n'est pas étonnant que nous trouvions ces souve-
nirs de la famille de Grilhet, une chapelle portait son
nom, et de plus, Julien de Grilhet, légua à Saint-
Agricol, dans son testament du 28 juillet 1552, notaire
Antoine de Bédarrides, une pension inextinguible de
120 écus d'or sur tous ses biens pour fondations d'an-
niversaires que le clergé de la paroisse acquitte encore
aujourd'hui.

Sur la boiserie, de chaque côté de la pendule, se trouvent les bustes de saint Pacifique et saint Valentin, martyrs. L'expression religieuse qu'on ne sait presque plus
retrouver y respire tout entière.

Derrière les larges et épaisses portes des armoires
de la première Sacristie, sont renfermées de précieuses
reliques et les bustes de saint Magne et de saint Agricol :
celui du patron d'Avignon est moderne, l'autre est as-

surément dû à un ciseau distingué, on ignore l'époque à laquelle il remonte.

Le Clocher s'élève sur la première Sacristie. Il a été construit à diverses reprises, les fenêtres des premiers étages sont ogivales, celles des derniers sont à plein cintre; il n'a été terminé que vers le milieu du 18e siècle.

Le Chapitre de la Métropole craignait depuis long-temps que celui de Saint-Agricol n'empiétât sur ses droits et ses prérogatives; souvent des réclamations furent faites pour annuler toute prescription, tout an-técédent contraire à la dignité de Chapitre Métropolitain. Le couronnement du clocher de notre paroisse lui fournit une occasion éclatante de s'opposer à l'ambition de ses concurrens. Voici ce que nous lisons dans le registre de ses délibérations, au vendredi 21 août 1745. Sur ce qui a été dit que les MM. du Chapitre de Saint-Agricol font faire un clocher à tour carrée, et que ces droits et prérogatives ne sont dus qu'aux Métro-poles, qu'il serait convenable de les obliger d'y faire mettre une pointe et d'éviter qu'ils préjudiciassent aux priviléges de cette église,

Ont délibéré de consulter MM. les avocats pour savoir le droit écrit et la coutume à ce sujet, et en consé-quence d'agir sur ce qu'il y aura à faire relativement au sentiment des avoués, et ont prié MM. de la Tour, Malière, de faire à ce sujet tout ce qui sera nécessaire.

Le Chapitre de Saint-Agricol, instruit des prétentions des chanoines de la Métropole, le 4 décembre 1745, nomma aussi une commission pour s'occuper de cette affaire, elle était composée de trois membres, du doyen et de MM. Fermin et Anselme.

Une tradition assez accréditée rapporte que, pour

toute défense, les chanoines de Saint Agricol dirent qu'ils manquaient d'argent pour faire construire la flèche, et que si les chanoines de N.-D. voulaient se charger de cette dépense, ils ne trouveraient pas d'opposition. D'autres ont prétendu que l'espèce de bec qui termine l'escalier fut donné et pris pour compensation, et ont expliqué ainsi la fin de la contestation.

Quoiqu'il en soit, nous ne trouvons plus rien sur ce sujet dans les registres des deux Chapitres, et le clocher carré de Saint-Agricol rivalise encore avec celui de N.-D.-des-Doms.

Les prétentions des deux Chapitres continuèrent jusqu'à la révolution, et peu d'années avant cette époque elles se ranimèrent plus ardentes; en voici le sujet: qu'on nous permette cette digression.

En décembre 1787, tout le clergé séculier et régulier fut convoqué par l'archevêque pour assister aux obsèques de M. Aubert, second consul de cette ville, qui avait élu sa sépulture dans Saint-Agricol. Sur cette convocation le Chapitre Métropolitain s'assembla et prit la délibération suivante le 11 décembre de l'année précitée.

« Ledit sieur prévôt a fait part d'une ordonnance de Mgr. l'archevêque, du jour d'hier, portant que tout le clergé séculier et régulier qui est en coutume d'assister aux processions générales, se rendra au convoi funèbre de M. Aubert, second consul, qu'on doit inhumer dans l'église *Saint-Agricol*, et comme cette ordonnance est contraire à l'usage de leur église, vu qu'ils n'assistent et n'ont jamais assisté à aucun enterrement, pas même de leurs propres confrères, lorsqu'ils ne s'enterrent pas dans leur église métropolitaine et qu'ils n'y font pas l'office;

» Lesdits assemblés ont unanimement délibéré de député à Mgr. l'archevêque, chapitre tenant, ledit sieur Gastaldy, capiscol, et ledit sieur de Saint-Bonet, chanoine-administrateur, pour faire à Son Exc. les représentations convenables à ce sujet, et le prier au nom du Chapitre de vouloir bien ne pas le comprendre dans ladite ordonnance;

Et lesdits sieurs députés ayant rapporté que Son Exc. Mgr. l'archevêque n'avait point voulu récéder de la susdite ordonnance, *quant à son Chapitre Métropolitain;* lesdits sieurs assemblés ont unanimement délibéré d'appeler, avec dus honneurs et révérence, de la susdite ordonnance à tous seigneurs supérieurs, l'option sauve, et cependant ont approuvé et ratifié tout ce que ledit sieur de Saint-Bonet, chanoine-administrateur, a déjà fait à ce sujet, d'après avis et conseils dudit Chapitre; et ont député ledit sieur André, chanoine, conjointement avec ledit sieur de Saint-Bonet, chanoine-administrateur, pour suivre cette affaire, leur donnant sur ce tous pouvoirs requis et nécessaires. »

L'année suivante, le conseil de ville voulait qu'on célébrât à la Métropole, un service funèbre solennel pour M. Aubert. L'administrateur de Saint-Agricol, député du clergé, s'y opposa, et le service n'eut pas lieu à Notre-Dame, il se fit dans la chapelle de l'Hôtel-de-Ville, et l'honneur des deux Chapitres fut ainsi mis à couvert.

CHAPITRE

SUPPLÉMENTAIRE.

—»»:»:» ⊜ «:«:«—

DU CULTE DE SAINT AGRICOL

ET DE SES PRÉCIEUSES RELIQUES.

—⋘ ⊙ ⋙—

ART. 1. — DU CULTE DE SAINT AGRICOL.

Si nous n'écrivions que pour les savans et les artistes, nous nous garderions bien d'entrer dans les détails du culte de saint Agricol, détails qui n'auraient peut-être que peu d'intérêts pour un certain nombre ; mais notre pensée est paroissiale, et tout ce qui intéresse la paroisse est de notre ressort.

.Il n'est pas étonnant que la ville d'Avignon ait toujours été zélée pour honorer un saint qui fait lui-même son plus bel ornement. D'ailleurs saint Agricol a été le concitoyen et l'évêque des Avignonnais, c'est dans nos murs qu'il a pris naissance, qu'il a grandi, qu'il s'est sanctifié, qu'il a exercé son apostolat. Aussi avant la révolution qui a marqué une ère nouvelle, alors que la foi était encore vive et agissante, alors que chaque cité tenait à ses traditions et à ses antiques usages, rien de plus solennel et de plus pompeux que les honneurs rendus par les Avignonnais à leur ange tutélaire.

Quoique de tout temps saint Agricol ait été regardé comme le protecteur d'Avignon, cependant la ville ne le reconnut pas toujours pour son patron spécial, et la paroisse seule qui porte son nom l'honorait sous ce titre. Ce fut en 1647 que le saint évêque fut solennellement proclamé *Patron de la ville d'Avignon.* Tout Avignonnais doit lire avec le plus vif intérêt, l'acte officiel du conseil municipal de l'époque, que nous transcrivons ici dans son entier, tel qu'il se trouve dans le 26e regist. des Délib. fº 417.

Le 10 décembre 1647, au conseil ordinaire et extraordinaire de la ville d'Avignou, a été proposé par M. l'Assesseur et continué par le premier Consul, qu'on a publié dans les paroisses de cette ville une bulle du feu pape Urbain VIII d'heureuse mémoire, dans laquelle sont mentionnées les fêtes qui seront à l'avenir de précepte et de commandement, comme aussi par cette même bulle il est permis à chaque ville de choisir un saint pour son protecteur, dont la fête sera d'obligation pour la ville qui l'aura choisi; de sorte que nous croyons être nécessaire pour le bonheur de la nôtre de penser à l'élection d'un saint, sous la défense du-

7.

quel nous mettions et nos vies et nos biens, puisqu'en
vain la prudence humaine tâchera d'établir la félicité
dans le gouvernement des villes si le ciel ne la favorise ;
mais afin d'agir dans ce choix avec plus d'autorité,
nous avons jugé à propos de le communiquer à un conseil-général et de tirer un consentement public pour
une élection qui doit être utile à toute la ville. Que si,
Messieurs, nous voulons considérer la particulière dévotion que la ville a toujours témoignée à l'endroit de
Saint-Agricol, nous verrons sans doute qu'à très-juste
titre nous le devons proclamer notre protecteur, et par
cet aveu général, lui témoigner la continuation de notre
culte. Vous savez que Messieurs les consuls rendent
cette soumission à ce saint que d'accompagner son
chef toutes les fois qu'on vient à le sortir de son église,
outre cela les offrandes de cire qu'ils lui présentent
annuellement, les grands chandeliers de laiton que la
ville lui a donné, sa statue (1) qu'elle a fait dresser au-
devant de la porte du Rhône, sont tout autant de preuves qu'il y a long-temps que nous lui avons demandé sa
protection, et que nous nous sommes mis sous sa
défense ; mais si nous avons été dans ces respects et

(1) Du 25 juin 1763, on a tenu Chapitre, etc. Auquel Chapitre il a été délibéré d'insérer dans le livre des Conclusions
comme dimanche passé 19 du courant, M. Brun, doyen,
grand-vicaire, fit la bénédiction solennelle de la nouvelle statue de saint Agricol qui est à la porte du Rhône, assisté du
Chapitre invité à cette cérémonie par MM. les Consuls. On sonna
deux carillons solennels ; un la veille et l'autre au départ du
Chapitre, pour lesquels la ville a donné 3 fr. au campagnier.

dans ces sentimens pour l'amour de ce saint, il n'a pas manqué de sa part de nous assister de ses grâces, et nous pouvons dire que nos misères ont toujours trouvé du soulagement, quand nous avons recouru à sa puissance. De plus, c'est la coutume qu'à la réception de nos seigneurs les Éminentissimes légats, dans cette ville, on porte en procession le chef de saint Agricol pour être mis sur l'autel de la chapelle qu'on a dressé hors de la ville, et au-devant de ce chef, nos seigneurs les légats s'habillent à la pontificale, pour faire son (leur) entrée dans notre ville. On peut ajouter à ceci le sentiment de l'un des plus grands de tous nos archevêques, c'est Mgr. l'Eminentissime cardinal Taurusis, d'heureuse mémoire, lequel voulant assembler un concile provincial dans son palais, fit mettre dans la chapelle dudit palais, les tableaux des saints patrons des villes dont les évêques devaient assister audit concile et avec eux le tableau de Saint-Agricol, comme le protecteur de la nôtre, et ce monument paraît encore témoigner l'estime que ce grand prélat fesait de son prédécesseur puisqu'il le mit publiquement dans la qualité que je vous propose. Vous agréerez, Messieurs, qu'avec cela je rapporte une curiosité qui conviendra parfaitement à ce que l'on dit de notre ville, car étant dans l'histoire toute fondée sur le nombre septénaire, puisqu'on y compte sept paroisses, sept palais, sept colléges, sept hôpitaux, on dira aussi qu'elle a pris pour son patron, dans le choix de saint Agricol, le septième de ses évêques. Vous savez, en outre, que le lieu où je vous parle est situé dans sa paroisse, que c'est ici où s'agitent et se décident les plus importantes de nos affaires, qu'ensuite nous y avons besoin d'une assistance particulière du ciel pour bénir nos intentions et les faire réussir à notre avantage. De sorte que ce lieu étant du domaine de Saint-Agricol, et de plus, le prenant solennellement pour notre patron, il nous aidera de ses faveurs par un double titre toutes les fois que nous nous y assemblerons pour les intérêts du public. Enfin, je laisse plusieurs autres raisons pour finir avec celle-ci qui me paraît grandement convaincante, qui est que saint Agricol était enfant de la ville et l'unique saint natif d'icelle, dont l'Église fasse l'office. Après quoi ne sommes-nous pas obligés de lui commettre la défense de sa propre patrie, et ne serait-ce pas lui faire tort de la donner à un autre ? Voilà, Messieurs, diverses raisons et de justice et de bienséance qui vous doivent obliger à consentir à une élection si favorable qui ne sera qu'une suite de nos dévotions à l'endroit de ce Saint.

Sur quoi, chacun ayant opiné, a été conclu unanimement de prendre saint Agricol pour protecteur de la ville, et c'est par toutes ballottes de l'approbative, nulle de la négative exceptée.

Plus, le conseil a conclu de supplier très-humblement Mgr. l'archevêque de vouloir laisser la fête de saint Ruf pour la vénération que le public a à ce saint, pour avoir été le premier évêque de cette ville.

Avant cette solennelle manifestation, la municipalité d'Avignon qui avait son hôtel dans la paroisse de Saint-Agricol, s'était toujours montrée généreuse envers cette église. Lorsque le chapitre avait quelque dépense considérable à faire, il s'adressait à la ville, et les Consuls répondaient à son appel. Quelquefois même le Consul prenait l'initiative. Ainsi, au 24 reg. des Délib.

on trouve la délibération suivante : « Le 16 mars 1629,
le Conseil ordinaire et extraordinaire de la ville d'Avignon a conclu de faire faire deux lampes d'argent d'environ 20 écus chacune pour mettre dessous l'autel de
saint Agricol et saint-Magne, suivant la conclusion prise
au bureau de la santé , comme aussi de faire la peinture de la faciatte de ladite église de Saint-Agricol, et
ce, toutes ballottes de l'approbative, etc. Folio 251.

Ainsi encore, le 16 juin 1692, l'Hôtel-de-Ville délibéra de faire un donatif au chapitre de Saint-Agricol
pour achever de payer le prix fait des orgues, et ce
donatif fut de 300 fr. 34ᵉ regis. fol. 61. Nous serions
trop long si nous voulions tout citer.

Le fête de saint Agricol était générale pour la ville (1)
elle était chômée, comme l'ordonnait la bulle d'Urbain VIII, l'office était solennel et les autorités civiles
et ecclésiastiques y assistaient. Des réjouissances publiques avaient lieu, et à ce sujet nous ne saurions nous
empêcher de rapporter la délibération du Conseil de
ville du 3 août 1757 : « Il a été exposé au Conseil ordinaire et extraordinaire de la ville d'Avignon par M.
l'Assesseur et continué par M. le premier Consul, que
la ville donnait anciennement cinquante livres de poudre pour servir au feu d'artifice de la fête de saint
Agricol, patron de la ville ; que les chanoines chargés
de la fête ayant témoigné qu'il leur tournerait mieux à
compte d'avoir le montant de ce que la ville employait

(1) Le 7 août 1764, Mgr. de Manzi, archevêque d'Avignon,
publia une ordonnance qui étendit au territoire de la ville l'o-
bligation de célébrer la fête de saint Agricol.

annuellement à l'achat d'un demi quintal de poudre, la ville donnait annuellement dix écus au chanoine-fabricateur; que le prix de la poudre ayant plus que doublé on a augmenté cette somme, qu'il conviendrait de fixer une fois pour toutes, une somme à donner pour ledit feu, sur quoi ayant été opiné a été proposé de donner annuellement soixante livres pour le feu d'artifice de saint Agricol, sans que cette somme puisse jamais être augmentée ; ce qui a passé par vingt-deux ballottes approbatives contre sept négatives. *46ᵉ Reg. des Délib. fol. 44.*

Nous n'oublierons pas de mentionner ici une particularité fort curieuse de la fête de saint Agricol ; voici comme Morenas (pag. 25), rapporte la chose : « Pour perpétuer le souvenir du miracle de Cassagne, tous les ans, le deux septembre, jour de la fête de saint Agricol, on dressait dans la petite place qui est au-bas de l'escalier, un grand arbre oint du haut en bas de tout ce qu'on jugeait le plus propre à le rendre glissant : il y avait au haut de cet arbre une cage renfermant des oies, supplément des cigognes, dont le pays est dépourvu depuis que saint Agricol les eut chassées par un prodige auquel on croyait que cette momerie faisait une sainte allusion. Celui qui s'offrait de lui-même pour aller briser la cage à coup de hâche et prendre les oies pour son salaire, n'y parvenait que difficilement, souvent après plusieurs chûtes dangereuses, et toujours après des efforts capables de lui donner la mort, ce qui détermina fort sagement l'archevêque de Gonteriis, à proscrire ce jeu cruel par une ordonnance du 29 mai 1738. L'ordonnance que nous allons mettre sous les yeux de nos lecteurs, n'emploie pas des termes si forts sur le danger des concurrents, la voici :

« François-Maurice de Gontery, par la grâce de
Dieu et du Saint-Siége apostolique, archevêque
d'Avignon,

Vous savez. mes très-chers frères, nous pouvons
devant Dieu et devant vous, nous rendre ce témoignage
que depuis que la divine Providence a confié à nos soins
la conduite de ce diocèse, un des principaux objets de
notre sollicitude a été de former en vous des adorateurs
en esprit et en vérité en éloignant les abus qui s'étaient
introduits dans quelques églises à la faveur même de la
piété et en supprimant certains spectacles de religion
auxquels la simplicité des autres derniers siècles avait
donné naissance, et que le temps et la corruption des
esprits et des cœurs avaient insensiblement fait dégé-
nérer. Le seul de ce genre que nous avions toléré jusqu'à présent est celui qui se donnait toutes les années
le jour de la fête de saint Agricol, évêque et patron de
cette ville, et qui n'avait été établi que pour rappeler
le souvenir d'un miracle opéré par son intercession en
faveur de nos pères. Nous avions eu cette condescen-
dance, parce que cette représentation nous paraissant
très-innocente en elle-même, et se faisant d'ailleurs
en plein jour, nous avions toujours cru que la discipline
des mœurs y était inviolablement observés, que tout
s'y passait dans l'honnêteté et dans l'ordre, et que la
multitude n'y accourait que par le goût d'une curiosité
passagère et du moins indifférente, si elle n'était pas
excitée par de pieux sentimens de religion. Mais aujourd'hui que nous avons été informés des dissipations,
des conversations indécentes, des tumultes et de bien
d'autres scandales que cette représentation occasionne

jusques dans le temple même du Dieu vivant, et que par les relations plus circonstanciées qu'on nous en a faites nous comprenons que ces hommes qui s'y donnent en spectacle pour un vil intérêt ne peuvent le faire sans courir quelque risque et qu'il y a aussi du danger pour les spectateurs ; nous jugeons que ce n'est plus le temps de nous taire, de crainte qu'un plus long silence ne vous fît croire que nous autorisons ces prophanations et ces indécentes curiosités si opposées au véritable esprit du christianisme.

A ces causes : nous avons défendu et défendons a MM. les doyen, chanoines et chapitre de Saint-Agricol, de cette ville, de faire désormais tirer l'oie le jour de la fête de ce saint. Nous leur prohibons expressément de fournir au peuple ni l'arbre, ni la cage, ni les cordages nécessaires pour ce prophane divertissement, et nous les exhortons à employer fidèlement au soulagement de quelque pauvre membre vivant de J.-C. l'argent qu'ils donnaient auparavant pour ce dangereux spectacle. Et sera la présente ordonnance intimée audit Chapitre par expédition de copie afin qu'elle ne puisse être ignorée.

Donnée à Avignon, dans notre palais le 29 mai 1758.

Le panégirique de saint Agricol était aussi à la charge de la ville : qu'on nous permette de citer encore à ce sujet une délibération du Conseil municipal :

« Le 25 septembre 1758, a été exposé au Conseil ordinaire et extraordinaire de la ville d'Avignon par M. l'Assesseur et continué par M. le premier Consul, que la rétribution de 40 fr. établie pour celui qui prêche le panégyrique de saint Agricol est si forte qu'on est harcelé de demandeurs, et qu'il conviendrait de la dimi-

nuer, surquoi ayant été opiné, a été mis à la ballotte si
on ferait ladite diminution ou non, et ayant été ballotté,
l'opinion de faire la diminution a passé par **22** ballottes
approbatives contre quatre négatives.

« Ensuite a été opiné pour savoir à quelle somme on
réduirait ladite rétribution et y ayant divers sentimens,
a été convenu de mettre à la ballotte que ceux qui seront du sentiment de réduire ladite rétribution à vingt-
quatre livres, mettront à l'approbative et ceux qui seront
d'avis de la mettre plus bas à la négative, et ayant été
ballotté, le sentiment de réduire ladite rétribution au-
dessous de vingt-quatre livres a prévalu pour n'y avoir
eu que dix ballottes approbatives et seize négatives.

« A été mis de nouveau à la ballotte que ceux qui seront du sentiment de fixer ladite rétribution à vingt livres,
mettront à l'approbative et ceux qui seront du sentiment
de ne donner que quinze livres en sucre et café, mettront à la négative, et ayant été ballotté, le sentiment de
ne donner que quinze livres en sucre et café a prévalu
n'y ayant eu que huit ballottes approbatives et dix-huit
négatives, et tout de suite a été déclaré que cette diminution n'aurait lieu qu'en 1760, attendu que le prédicateur qui doit faire le panégyrique l'année prochaine
est déjà nommé. *Regist. précité fol.* 146.

Cette délibération étant connue, le **10** novembre de
la même année 1758, le Chapitre nomma une Commission pour aller remercier la Ville de ce qu'elle avait
fait à l'égard de Saint-Agricol, lui marquer sa plus
vive reconnaissancs et lui faire savoir que cette année
et les suivantes il se chargerait des frais du Panégirique et du soin de pourvoir à un prédicateur.

Peu d'années après, en 1763, une personne qu'on

ne nomme pas offrit de faire une fondation de 15 liv. pour cet objet, laissant au Chapitre la nomination du prédicateur, et cette offre fut acceptée.

Le jour de la fête de saint Agricol le Chapitre donnait à souper aux Consuls, et le 31 août 1770, il délibéra d'agmenter de 6 liv. les 36 livres qu'il donnait annuellement pour apprêter le souper de ces messieurs.

Saint Agricol proclamé patron d'Avignon devint d'une manière plus spéciale l'ange tutélaire de la ville, on avait recours à lui dans toutes les nécessités publiques, dans tous les dangers qui menaçaient la cité ; alors les Consuls en personne s'adressaient à l'Archevêque, lui représentant que les circonstances demandaient que la précieuse relique du chef de saint Agricol fut exposée et même portée en procession dans les rues de la ville. L'archevêque acquiesçant à cette pieuse pétition, faisait une ordonnance que les magistrats exhibaient au Chapitre de notre église, qui donnait des ordres en conséquence.

La procession se mettait en marche au chant de l'hymne si connue des Avignonais : *Præsul excelso, etc.* et du cantique que nous mettons à la fin de cet article. La Confrérie des pénitens blancs et le Chapitre précédaient les reliques qui étaient portées sous le dais. *Quæ feruntur sub umbella,* Act. sanct., f. 446 (1) ; ensuite une multitude immense suivait, pieuse et recueillie.

Les saintes reliques étaient d'abord portées à l'église

(1) A la suite d'une ordonnance archiépiscopale pour la procession générale des Rogations de l'année 1740, on lit : S'ensuit l'ordre de ladite procession qui doit estre gardé et qui a esté; extrait mot à mot par moy François Philip, secré-

métropolitaine de Notre-Dame-des-Doms. Monseigneur l'Archevêque, revêtu des habits pontificaux et assisté de son Chapitre les recevait à l'entrée de la basilique, et les honorait de trois coups d'encensoir : les reliques étant arrivées au milieu de l'église, le Prélat renouvelait l'encensement ; enfin, introduites dans le sanctuaire elles étaient placées sur le trône archiépiscopal et on les honorait encore de trois coups d'encensoir.

taire dudit archevêché, sur un vieux rolle écrit de la main propre de feu M. Bellon, et justifié par les autres pièces et par la coutume dont j'ay pris une exacte information par ordre dudit seigneur vicaire-général.

Après avoir indiqué la place de chaque classe de citoyens et de chaque corps religieux, on lit encore :

Rang et ordre des Paroisses.

Saint-Symphorien. — La Principale. — Sainte-Magdeleine. — Saint-Géniès. — Saint-Didier. — Saint-Pierre, avec son guidon. — Saint-Agricol, avec son guidon, et le Corps de saint Agricol *sous un dais* à quatre bastons, portés par les quatre courriers des Consuls.

Après quoi, MM. les Consuls et Conseillers de la Maison de Ville suivent, qui font porter les deux guidons, l'un aux armes du Pape, et l'autre aux armes de la Ville, etc., etc.

En juin 1721, la peste qui sévissait aux environs, menaçait la ville. Pour détourner de nos murs un si terrible fléau, la ville fit placer, sur la porte Saint-Michel, une statue de la Sainte Vierge, la bénédiction fut solennelle : tous les corps existans dans la ville furent convoqués, et dans le procès-verbal, que l'on trouve à ce sujet dans le Répertoire, fol. III, Archiv. de l'Arch., il est dit expressément que saint Agricol fut porté sous le dais par les pénitens blancs.

Ensuite on chantait l'antienne de la Sainte Vierge :
Sancta Maria succurre miseris, etc. ou une autre selon le
temps, celle de saint Agricol avec versets et oraisons›
et enfin une troisième antienne correspondant à l'objet
de la procession.

Le cortége se mettait encore en route, et Monseigneur l'Archevêque accompagnait les précieuses reliques jusqu'à la sortie de la métropole, en observant
les cérémonies qui avaient été pratiquées à leur réception.

La procession en sortant de Notre-Dame se dirigeait
vers l'église des Célestins, et là recommençait encore
le triple encensement. Le chef de saint Agricol était
placé devant l'autel en présence du tombeau du B.
Pierre-de-Luxembourg, patron secondaire de la ville.
Le chef du saint Cardinal était solennellement exposé,
et les Chanoines de saint Agricol s'approchant tour à
tour lui donnaient un baiser d'honneur.

La procession étant rentrée dans notre collégiale,
ces pieux exercices se clôturaient par la bénédiction
du Saint-Sacrement.

Pour preuve de la confiance qu'on avait à la puissante médiation du saint évêque, nous nous conten-
terons de choisir entre mille autres un acte officiel,
du 20 novembre 1725.

Écoutons Monseigneur de Gonteriis.

FRANÇOIS-MAURICE DE GONTERIIS, Archevêque d'Avignon, nous ayant été représenté par MM. les Consuls
et Assesseurs de cette ville, que puisque les prières
par nous ci-devant ordonnées à leur requisition n'a-
vaient pas produit tout l'effet que nous nous étions

proposé, il serait convenable de faire de nouveaux efforts pour tâcher d'obtenir du ciel la sérénité du temps qui est si nécessaire dans une saison où les fréquentes inondations ont déjà submergé la plupart des semences, et nous mettent hors d'état de pouvoir ensemencer de nouveau, ce qui, joint aux obstacles que les pluies continuelles causent à la récolte des olives, nous fait craindre et prévoir en même temps de nouvelles misères. Mais comme nos vœux et nos prières n'ont jamais été plus efficacement exaucées que lorsque nous avons eu recours au principal patron de cette ville, nous croyons qu'il est à propos, dans un cas si pressant, de mettre toute notre confiance en ce saint protecteur, dont la puissante médiation auprès du Seigneur peut détourner les maux dont nous sommes menacés, et attirer sur cette ville les grâces qui nous sont nécessaires. C'est pourquoi nous ordonnons que demain, 26 du courant, le chef de saint Agricol soit exposé dans son église pendant sept jours, que chacun de ces jours un des Chapitres des collégiales de cette ville aille chanter une grand'messe dans ladite église, et que le dimanche 2 octobre suivant il soit fait une procession à laquelle on portera le chef dudit saint, qui sera suivi de MM. les Officiers municipaux; et afin que la présente ordonnance soit exécutée, nous en commettons la signification au secrétaire de notre archevêché, etc.

Le 4 décembre 1725, Monseigneur Gonteriis écrivait encore:

« Le bienfait signalé que nous venons de recevoir en suite des prières publiques qui se sont faites par notre ordre, et à la réquisition de MM. les Consuls, dans l'église et sur les reliques de saint Agricol, doit nous persuader que c'est par la médiation de ce Patron de notre ville, que nous avons obtenu du ciel la cessation des eaux qui ravageaient nos campagnes. Nous avons éprouvé en tant d'occasions les effets de sa puissante protection, que nous pouvons désormais l'implorer avec toute confiance; mais nous devons aussi pour en être toujours plus dignes, faire éclater notre reconnaissance par de très-humbles actions de grâces.

Toutes ces choses, ajoutent les Bollandistes, montrent abondamment avec quelle piété saint Agricol est honoré dans Avignon, et quelle confiance les Avignonnais ont dans leur saint Patron.

Les Citoyens de cette ville, continuent les mêmes Auteurs, savent combien de fois dans de pressans dangers et de graves calamités, ils ont été secourus, comment saint Agricol a éloigné de leurs murs les ennemis les plus cruels et les plus redoutables. Combien de fois........ Mais cette matière appartient plutôt à un panégyrique ou à une vie particulière de saint Agricol, qu'à une notice sur son Église. Ceux qui désireraient plus de détails sur les miracles opérés par l'intercession de notre saint Patron, pourraient avoir recours à la source déjà indiquée : *Acta sanctorum.*

Il s'en faut de beaucoup que saint Agricol soit honoré aujourd'hui comme il l'était avant la révolution. La plupart des particularités qui rendaient son culte si intéressant et si pieux ne sont presque plus connues.

Cependant, la confiance et la dévotion envers saint Agricol ne sont pas éteintes; mais elles ont besoin d'être excitées : nous avons vu dans les jours calamiteux de 1840 l'antique ferveur se raminer à la vue du danger ; nous avons vu encore l'Avignonnais échappé aux fureurs de l'inondation, profondément prosterné, arroser, des larmes de la reconnaissance et de la piété, le pavé du sanctuaire du Patron vénéré qu'invoquèrent ses pères.

De temps immémorial, par une exception unique dans cette cité, le buste de saint Agricol avait le privilége d'être porté sous le dais toutes les fois qu'on le sortait de son sanctuaire. Un décret de la S. C. des Rits, approuvé le 27 mai 1826 par le pape Léon XII, a retranché ce privilége aux Églises qui le possédaient. Quoique les termes du décret soient bien précis et bien forts, cependant, nous aimons à croire que si l'on fesait, en Cour de Rome, des démarches pour obtenir la conservation d'un usage, je dirais presque d'un droit si ancien, si fréquemment et si solennellement exercé dans Avignon, en présence et sous les yeux des délégués du Saint Siége, nous aimons à croire que ces démarches ne seraient pas infructueuses.

CANTIQUE

EN L'HONNEUR

DE SAINT AGRICOL, ÉVÊQUE ET PATRON D'AVIGNON.

(Tiré des Manuscrits de M. DE CAMBIS-VELLERON.)

Que nos peuples fidèles
Célèbrent le saint nom ,
Les merveilles nouvelles
D'Agricol leur patron ;
Rendons à sa mémoire
L'hommage de nos cœurs.
Chantons son nom , sa gloire,
Ses vertus , ses faveurs.　　　(*bis.*)

Heureux les temps propices
Où nos premiers ayeux
Reçurent les prémices
De ce présent des Cieux.
　　Rendons, etc.

Agricol fut leur frère
Et leur concitoyen,
Leur Apôtre, leur père,
Leur guide et leur soutien.
  Rendons, etc.

Une innocence pure
Orna ses jours naissans,
Et s'accrut à mesure
Qu'on vit croître ses ans.
  Rendons, etc.

Son enfance docile
Puisa de saints secours,
Dans la tendresse utile,
De l'auteur de ses jours.
  Rendons, etc.

Après lui, par son zèle,
Ses veilles, ses sueurs,
Il fut et le modèle
Et l'honneur des pasteurs.
  Rendons, etc.

Placé comme lui-même
Au rang des immortels,
Il eut son diadème
Et les mêmes autels.
  Rendons, etc.

8

Le courage invincible
Dont il arma son cœur,
Fut le fléau terrible
Du schisme et de l'erreur.
    Rendons, etc.

Par lui la race altière
De ces monstres affreux,
Respecta la barrière
De nos remparts heureux.
    Rendons, etc.

Leur fureur irritée
S'épuise en vains efforts;
Leur haleine empestée
N'a point souillé nos bords.
    Rendons, etc.

Une flamme éclatante
Qu'allumèrent les Cieux,
Vint frapper d'épouvante
Et leur cœur et leurs yeux.
    Rendons, etc.

On vit sous ses auspices
La vertu triompher,
Et le germe des vices
Se perdre et s'étouffer.
    Rendons, etc.

Le cœur le moins fidèle
Se pliait à son cœur ;
Le cœur le plus rebelle
Cédait à sa douceur.
   Rendons, etc.

Toujours à l'indigence
Il ouvrait un recours,
Toujours à l'innocence
Il prêta son secours.
   Rendons, etc.

Le timide pupille
Trouva toujours en lui
Un refuge, un asile,
Un vengeur, un appui.
   Rendons, etc.

Que les temps, que les âges,
Les siècles révolus,
N'ôtent rien aux hommages
Qu'on doit à ses vertus.
   Rendons, etc.

L'éclat de sa couronne
Est toujours renaissant,
Et l'appui qu'il nous donne
Est sûr, prompt et puissant.
   Rendons, etc.

Ce Pasteur charitable
Qui se fit tout à tous,
N'est ni moins favorable,
Ni moins tendre pour nous.
    Rendons, etc.

Dans nous il voit sans cesse
Son peuple favori,
L'objet de sa tendresse
Et son troupeau chéri.
    Rendons, etc.

Sensible à nos alarmes,
Facile à nos besoins,
A Dessécher nos larmes
Il consacre ses soins.
    Rendons, etc.

A son nom redoutable,
On vit fuir de nos murs,
Un essain innombrable
De reptiles impurs.
    Rendons, etc.

Si le Ciel nous menace,
On l'invoque, et soudain,
Tout change, au loin, de face,
Et le ciel est serein.
    Rendons, etc.

Sur nos rives humides
Il met un frein aux flots,
Sur nos plaines arides
Il fait tomber les eaux.
    Rendons, etc.

Tout cède à sa puissance,
Et les malheurs des temps,
Et l'amère souffrance,
Et les fiers élémens.
    Rendons, etc.

Par lui, la paix tranquille
Et ses dons si vantés,
Ont fixé leur asile
Au sein de nos cités.
    Rendons, etc.

Il bénit nos rivages,
Nos hameaux, nos toisons,
Nos champs, nos pâturages,
Nos pressoirs, nos moissons.
    Rendons, etc.

Par lui, l'âme innocente
Conserve sa blancheur,
Et l'âme pénitente
Ranime sa douleur.
    Rendons, etc.

Dans lui le cœur coupable
Qui recourt à son nom,
Trouve un cœur secourable
Qui le guide au pardon.
    Rendons, etc.

De l'âme languissante
Il réveille l'ardeur,
Et de l'âme fervente
Il nourrit la chaleur.
    Rendons, etc.

Allons puiser en foule
Aux pieds de ses autels
L'eau de salut qui coule
De ses os immortels.
    Rendons, etc.

Mais, pour qu'il nous assure
Son appui bienfaisant,
Ayons, et l'âme pure,
Et le cœur innocent.
    Rendons, etc.

Une vie infidèle,
Nos crimes, nos forfaits,
Refroidiraient son zèle,
Suspendraient ses bienfaits.
    Rendons, etc.

Ce n'est que sur les traces
De notre saint Patron,
Que nous viendront les grâces
Que nous obtient son Nom.
Rendons à sa mémoire
L'hommage de nos cœurs;
Chantons son nom, sa gloire,
  Ses vertus, ses faveurs.   (*bis*).

ARTICLE II. — *Les précieuses Reliques de saint Magne
et de saint Agricol.*

Saint Magne et saint Agricol, patrons et évêques
d'Avignon, furent inhumés daus l'église de Notre-Dame-
des-Doms, qui, de temps immémorial a servi de cathédrale dans cette antique cité. Les reliques des
deux saints prélats y reposèrent jusqu'en 1321. A cette
époque, le pape Jean XXII ayant érigé en collégiale,
l'église paroissiale dont saint Agricol était le titulaire,
il y fit transporter les corps des saints Patrons, les échan-
geant avec d'autres reliques que l'église de Saint-Agricol possédait auparavant (1).

Une partie des reliques de saint Agricol était dans
une petite châsse d'argent.

Nous pensons que cette châsse était destinée à être
portée en procession.

En 1393, le Chapitre décida de les faire placer dans
une châsse plus grande et plus décente ; ce doit être
celle que l'on conserve au Muséum Calvet, du moins
l'ornementation est de cette époque.

Les corps de saint Agricol et de saint Magne furent
placés sous le grand-autel, dans des urnes, et ces
urnes étaient renfermées dans des caisses de bois.
Messire Guillaume Maurelly, vicaire-général de Mgr.
Alain de Cœtivi, les ayant visitées en 1458, il ordonna
que les caisses de bois fussent changées en caisses de
plomb, ce qui fut exécuté par le Chapitre.

(1) Les corps des saints Donat, Maxime et Vérédème.

Le 22 mai 1625, Mgr. Étienne Dulcis, Archevêque, ayant ordonné une procession générale, on y porta solennellement les corps de saint Magne et de saint Agricol, et le Chapitre acheta *du brocart pour les couvrir.*

La partie séparée des reliques de saint Agricol contenait le chef du saint Patron. Le 29 août 1495, cette relique précieuse fut visitée par trois Chanoines du Chapitre : Rolland Wallet, chanoine ouvrier, Louis Bancheri et Jean Lafranc, en présence de quatre bénéficiers, Lancerius Taule, Pierre Galet, Jean Cambay et Michel Gessos; en présence encore de maître Jean Tevenan, orfèvre, qui démonta la châsse et fixa le buste superposé qui vacillait lorsqu'on le portait en procession.

Les reliques de saint Magne et saint Agricol demeurèrent dans l'état que nous venons de décrire jusqu'à la révolution de 1789; alors elles disparurent, ainsi que toutes les autres richesses de l'église. Que devinrent-elles? comment ont-elles été recouvrées? comment a-t-on pu constater leur authenticité et leur identité avec les anciennes reliques? Des recherches profondes et consciencieuses ont été faites par des hommes d'un savoir et d'une piété non suspecte; nous croyons que les habitans d'Avignon nous sauront bon gré de mettre sous leurs yeux les Rapports mêmes, adressés, à ce sujet, à Mgr. de Mons, Archevêque d'Avignon, le 15 septembre 1826 et le 17 décembre 1827. Nous avons trouvé ces documens authentiques dans les archives de la Fabrique.

8.

RAPPORT

Fait à Monseigneur l'Archevêque d'Avignon, concernant les Reliques présumées de saint Magne et saint Agricol.

MONSEIGNEUR,

Les soussignés, Henri-Anne Sollier et Louis Reboul, vos Vicaires-généraux, ainsi que Jean-Baptiste-Joachim Mazaudier, prêtre, ancien membre du Conseil ecclésiastique, établi pour le gouvernement spirituel du diocèse d'Avignon, par Jean-Baptiste Roux, prêtre de la Congrégation de Saint-Sulpice et Administrateur apostolique dudit diocèse, le siége vacant par la mort de Mgr. Charles Vincent de Geiric ; tous trois réunis pour faire, à Votre Grandeur, le rapport qu'elle a demandé, sur les reliques présumées de saint Magne et saint Agricol, renfermées dans une caisse de plomb, scellée, et en ce moment déposée dans la chapelle de l'archevêché; vu les différens actes présentés par le susdit prêtre Mazaudier, et après les avoir soigneusement examinés, il en résulte ce qui suit:

1° L'an mil sept cent soixante et dix-sept les reliques de saint Magne et saint Agricol, renfermées dans des châsses de plomb, recouvertes d'une pièce de brocart en or, étaient placées sous le maître-autel de l'église collégiale et paroissiale de Saint-Agricol et derrière une grille de fer; puisque cette même année et le vingt-un du mois de juin, elles en furent tirées solennellement et placées dans une armoire de la sacristie, fermée d'une grille de fer à deux clefs, ainsi que d'une porte de bois, également bien fermée. Le Chapitre qui voulait réparer l'autel, ayant présenté requête à Son Excellence Mgr. et Excellentissime François des Comtes de Manzi, Archevêque d'Avignon, pour que lesdites reliques fussent placées dans un lieu décent et sans perdre l'authenticité ; et cet illustre Prélat leur ayant accordé leur demande, et, à cet effet, nommé pour commissaire Benoît-Jean-François de Mallière, prêtre, chanoine de la sainte église métropolitaine, vicaire-général et official, et que, sous la présidence de ce dernier et en présence de quatre témoins et du Chapitre réuni, la translation eût lieu. *Apert d'une copie légale des actes du Chapitre de Saint-Agricol, déposés en leurs archives, et réunies à celles du département de Vaucluse.*

Il en résulte : 2o Que la même année et le mardi vingt-quatrième jour du mois d'août à six heures de relevée, par les soins et sous la présidence de noble et illustre seigneur messire Joseph-Xavier des Achard de la Beaume, curé de ladite église de Saint-Agricol, et commissaire en cette partie, députe par Son Excellence Monseigneur l'Archevêque d'Avignon, lesdites reliques, toujours renfermées dans leurs châsses de plomb, après néanmoins avoir été placées dans des caisses de bois de cyprès, furent de nouveau déposées sous le maître-autel, reconstruit à neuf, et ce, la veille du jour où Monseigneur l'Archevêque devait le sacrer, la cérémonie eut lieu en effet le lendemain. *Apert encore d'une copie légale du procès-verbal déposé comme ci-dessus.*

Il en résulte : 3° comme un fait constant et irréfragable que l'autel a été conservé dans son intégrité et avec une grille par-devant, et les reliques respectées jusqu'à l'époque où la faction impie qui dominait voulut exécuter le projet qu'elle avait conçu de proscrire absolument tout culte religieux ; qu'elle fit faire des fouilles dans les anciens tombeaux, pour s'emparer de ce qu'ils pouvaient renfermer ayant quelque valeur, et notamment les caisses de plomb, et qu'alors, en effet, on retira les caisses de dessous l'autel et l'on mit à découvert les saintes reliques. Cependant, d'après les représentations de M. Pignatelli, qui desservait encore l'église comme curé constitutionnel, et qui demanda qu'on mît les ossemens dans un tombeau, une partie fut jetée dans le caveau d'une chapelle située au nord et attenante à la chapelle qui joignait le chœur. Le fait est constant, d'après la déclaration faite au sieur Payot, paroissien zélé, à qui fut confiée l'église lorsque le culte catholique fut momentanément rétabli, et que le sieur Payot, en conséquence des renseignemens qu'il avait reçus, fit faire des fouilles dans le caveau désigné, en présence de témoins, et y trouva des ossemens enveloppés d'un taffetas cramoisi et par-dessus trois feuilles de parchemin, écrites en lettres gothiques, et portant, l'un, la reconnaissance des reliques de saint Magne ; le second, celle des reliques de saint Agricol ; et le troisième, le procès-verbal de la consécration de l'autel.

Nota. Des copies légales de ces authentiques, déchiffrés par M. Tempier, docteur ès-droit et ancien primicier de l'Université d'Avignon, et certifiées par le Conseil ecclésiastique, susnommé, sont dans la caisse des actes ; mais les originaux que M. Roux avait emportés à Aix , par mégarde, ont été brûlés avec d'autres papiers après sa mort , à Avignon , où il était revenu étant malade. *Apert du procès-verbal du Conseil ecclésiastique , signé Veran, secrétaire.*

Il résulte de l'examen des pièces, 4° qu'à l'époque où l'exercice public du culte catholique fut encore troublé, lesdits ossemens furent déposés dans un oratoire construit dans la maison du sieur Payot, après avoir été vérifiés par des membres du Conseil ecclésiastique , qu'ils furent renfermés dans une caisse de plomb et scellés. *Apert des procès-verbaux dudit Conseil ecclésiastique.*

Il résulte du même examen, 5° que le cinq septembre mil huit cent dix , M. Jehan, vicaire-général de Mgr. Jean-François Perrier , évêque d'Avignon , donna au susnommé Jean-Baptiste-Joachim Mazaudier (Mgr. l'évêque étant absent), la sommission de faire toutes les démarches nécessaires pour obtenir les renseignemens les plus positifs possibles, et hâter, par là , le moment où l'on pourrait exposer lesdites reliques à la vénération des Fidèles.

La Commission à peine donnée et acceptée, il fut découvert, dans les prisons du palais, un ouvrier maçon, le sieur Henri Durand , dit le *Risarel*, lequel ayant entendu parler de l'embarras où l'on se trouvait au sujet des reliques de saint Magne et saint Agricol , dit à MM. les Visiteurs des prisons, qu'il pouvait donner des renseignemens positifs ; et de fait, ledit Commissaire , accompagné de M. le marquis de Forbin et de M. de Chaternet, s'étant transporté aux prisons, ledit Durand, après avoir prêté serment sur les saints Évangiles de dire la vérité , raconte comment on avait détruit et enlevé les châsses, etc. Il avoua qu'il avait pris lui-même des ossemens de saint Agricol et les avait placés, dans une serviette, sous l'escalier de la maison du Chapitre, qu'il habitait comme concierge. La fouille a découvert d'anciens ossemens mêlés avec des ossemens d'enfans, sans doute parce que l'on creusa à deux pieds de profondeur; mais comme le linge avait été enlevé, on n'a pu distinguer ce qui était relique, et tout est déposé dans une caisse de bois blanc. D'ailleurs, les autres témoins qu'il avait désignés comme présens, sans nier le fait, ont répondu vaguement. *Apert du procès-verbal dressé par le susdit Commissaire, et signé par le déclarant et les témoins.*

Enfin, les docteurs en médecine et en chirurgie ayant été appelés pour faire la vérification de ce qui était renfermé dans la caisse de plomb, déposée dans l'oratoire du sieur Payot; il a été reconnu que les ossemens appartenaient à un seul corps, ancien et fortement constitué. *Apert du procès-verbal du 20 novembre 1810, signé des médecins et chirurgiens et du prêtre commissaire.*

Voilà, Monseigneur, le résultat de toutes les découvertes que l'on a pu faire. Il en résulte, en dernière analyse, que les ossemens tirés de dessous le maître-autel, et qui appartenaient chacun à un corps différent, n'ont pas tous été placés dans le caveau; mais qu'un seul y a été déposé, tandis que l'autre a été enlevé en partie, et que le reste a été ou profané ou placé dans un lieu inconnu. Il résulte encore qu'il est impossible d'assurer que c'est plutôt l'un que l'autre, quoique ledit Durand ait certifié que, sachant lire, il avait pris des ossemens de la châsse de saint Agricol, et que ceux-ci ne soient point renfermés dans la caisse de plomb scellée. Il n'y a ici qu'un seul témoin. Dans le principe, on a été dans l'erreur, croyant que les deux corps étaient enveloppés du taffetas cramoisi, attendu qu'on trouva par-dessus les trois parchemins désignés ; mais les gens de l'art ont mis tout à découvert, et il en résulte toujours le fait constant que le dépôt est une des reliques ci-mentionnées.

D'après cet exposé, que les soussignés certifient être conforme aux pièces qui ont été présentées, vous ordonnerez, Monseigneur, ce que votre sagesse jugera convenable.

A Avignon, 15 septembre 1826.

SOLLIER, *vic. gén.* ; L. REBOUL, *vic. gén.* ; MAZAUDIER, *prêtre. Signés à l'original.*

ORDONNANCE A CE SUJET.

Nous, ÉTIENNE-MARTIN MAUREL DE MONS, Archevêque d'Avignon, après avoir pris connaissance du présent Rapport à nous fait par MM. Sollier et Reboul, nos Vicaires-généraux, et Mazaudier, Prêtre-vicaire de la paroisse Saint-Agricol de cette ville, au sujet des reliques présumées de saint Magne et saint Agricol, avons jugé et jugeons que les corps renfermés dans une caisse de plomb, ouverte par nos ordres, est celui de saint Magne ou de saint Agricol, sans pouvoir précisément déterminer auquel de ces deux saints évêques il appartient.

En conséquence, après avoir fait fermer de nouveau ladite caisse et l'avoir scellée de nouveau du sceau de nos armes, nous ordonnons qu'elle soit placée sous le maître-autel de la paroisse Saint-Agricol, pour que les reliques soient vénérées des Fidèles, et la présente Ordonnance annexée à la suite du procès-verbal sera transcrite sur parchemin, pour être renfermée dans une boîte de plomb, également scellée du sceau de nos armes et placée sur la caisse des reliques.

Donné à Avignon, sous notre seing et sceau de nos armes, le contre-seing de notre secrétaire, le 15 décembre 1826.

✠ ÉTIENNE, Arch. d'Avignon.

Par Mandement : L. CLAIR, *secrét. Ch. hon.*
Ainsi signé à l'original.

—

AUTRE RAPPORT

.

Fait à Monseigneur l'Archevêque d'Avignon, concernant la découverte d'une relique de saint Agricol, patron de ladite ville, ainsi que de la première paroisse.

MONSEIGNEUR,

Les soussignés, Henri-Anne Sollier, Vicaire-général, et Jean-Baptiste-Joachim Mazaudier, prêtre, troisième membre de la Commission que vous avez établie pour les informations à faire touchant les reliques présumées de saint Magne et saint Agricol, réunis pour faire, à Votre Grandeur, un rapport exact sur la remise que l'on vient de faire à l'église de Saint-Agricol, dans la personne de M. Chalbos, curé de ladite paroisse, d'une relique du saint Patron, ont l'honneur de vous exposer que le fait qui, au premier coup-d'œil, paraît si extraordinaire, et par là même si difficile à admettre comme certain, se trouve clairement expliqué par les antécédens, de manière à détruire les doutes que l'on aurait pu former sur la vérité du dépôt précieux qui avait été caché jusqu'à ce jour.

En effet : il conste , 1º d'après le verbal ci-joint, que le paquet qui renferme la relique est encore scellé, d'un seul sceau à la vérité, dans les deux centres , mais qui réunit les ligamens, d'ailleurs non endommagés , de telle sorte, qu'aucune partie notable du dépôt renfermé n'a pu être soustraite.

Il conste, 2º que l'écrit sur parchemin, qui désigne le chef de saint Agricol , ou du moins une partie, se trouvant revêtu du même sceau que le paquet et étant celui de feu Monseigneur de Gonteriis , Archevêque d'Avignon; ayant de plus la signature de **M.** de Fosseran, vicaire et official général de ce prélat, ainsi que celle de plusieurs membres de l'ancien Chapitre de Saint-Agricol ; cet ensemble forme une preuve irréfragable de l'énoncé contenu dans ledit verbal et par conséquent de la relique à laquelle il est adapté.

3º En remontant à l'époque du Conseil ecclésiastique qu'avait établi pour le gouvernement spirituel du diocèse d'Avignon **M.** Jean-Baptiste Roux , administrateur apostolique, le siége vacant, l'on trouve dans les procès-verbaux dudit Conseil des déclarations qui donnent des préventions favorables à celui que, après sa mort, a fait remettre le dépôt de la relique dont il s'agit. Car, **M.** Pignatelli y est cité comme ayant engagé les violateurs du tombeau de saint Magne et de saint Agricol, à renfermer dans un caveau qu'il leur désignait, les ossemens des deux Saints qui avaient été tirés des caisses de plomb qui les contenaient, et de fait, une partie de ces ossemens a été retrouvée, enveloppée d'étoffes de soie et avec les parchemins qui les désignaient. *Apert aux procès-verbaux cités dans le* *rapport fait au sujet des reliques présumées de saint Magne et saint Agricol, le 15 septembre 1826.*

De plus, dans ces heureux momens où le culte catholique obtint un peu de liberté, une confidence fut faite par ledit M. Pignatelli. C'est que, faisant les fonctions de curé constitutionnel, lorsque la commission de la commune se présenta pour emporter le beau buste en vermeil de saint Agricol, il en retira lui-même la relique, la plaça dans une caisse de bois doré qu'il exposa sur le maître-autel, le 2 septembre, jour de la fête du Saint, la dernière qui fut célébrée; après quoi, le culte fut proscrit.

Or, la relique qui est rendue aujourd'hui est précisément celle qu'il avait soustraite lors de la clôture de toutes les églises, et que la divine Providence a daigné conserver dans ses mains.

La confidence fut faite à feu M. Payot, le paroissien si zélé, et par lui communiquée aux membres du Conseil. Le soussigné Mazaudier qui en faisait partie s'en souvient comme d'un évènement d'hier, et n'hésite point à le certifier. Aussi, toutes les fois qu'il en a trouvé l'occasion, a-t-il fait des sollicitations pressantes, par des intermédiaires, pour obtenir un aveu; mais toujours inutilement, sans néanmoins perdre l'espérance d'un heureux résultat. Le Seigneur vient d'y pourvoir dans sa miséricorde.

Voilà, Monseigneur, ce que nous avions à vous exposer, pour remplir notre commission. L'examen que vous ferez par vous-même du dépôt qui vous est présenté vous mettra dans le cas de porter un jugement sûr, étant parfaitement éclairé. Nous avons la confiance qu'il sera favorable à nos désirs empressés que partagent tous les pieux Avignonnais.

En conséquence, nous remettons le tout à votre sagesse, persuadés que le Seigneur parlera par la bouche de notre premier et si digne Pasteur, dans la décision qui en émanera.

Avignon, 17 décembre 1827.

SOLLIER, *vic. gén.*; MAZAUDIER, *prêtre, Commissaires. Signés à l'original.*

—

ORDONNANCE A CE SUJET.

NOUS, ÉTIENNE-MARTIN MAUREL DE MONS, Archevêque d'Avignon, après avoir pris connaissance du susdit Rapport à nous fait par MM. Sollier, notre vicaire-général et Mazaudier, prêtre, vicaire de la paroisse Saint-Agricol de cette ville, au sujet d'un paquet renfermant des reliques de saint Agricol, remis depuis peu entre les mains de M. Chalbos, curé de ladite paroisse, avons jugé et jugeons que les ossemens renfermés dans ledit paquet dont les sceaux aux armes de Monseigneur de Gonteriis, archevêque de cette ville, parfaitement conservés, ont été rompus en notre présence, sont réellement la relique énoncée, appartenant au chef de saint Agricol.

En conséquence, après en avoir tiré une partie placée par notre ordre dans le buste de saint Agricol, avons renfermé le reste dans une caisse de plomb, scellée du sceau de nos armes, et de plus, avons ordonné que ladite caisse ainsi scellée serait placée sous le maître-autel de la paroisse de Saint-Agricol, afin que ces saintes reliques y soit vénérées des Fidèles. 2° Que la présente Ordonnance, annexée à la suite de ce procès-verbal, sera transcrite sur parchemin pour être renfermée dans une boîte de plomb, également scellée du sceau de nos armes et placée sur la caisse desdites reliques.

Donné à Avignon, sous notre sceau, etc., le 17 décembre 1827.

✠ ÉTIENNE, Archevêque d'Avignon.

Par Mandement : CLAIR, *Ch. hon., secrétaire.*
Signé à l'original.

FIN.

TABLE DES MATIÈRES.

TABLE DES MATIÈRES.

SAINT-AGRICOL DANS SES DÉTAILS.

FIN DE LA TABLE.

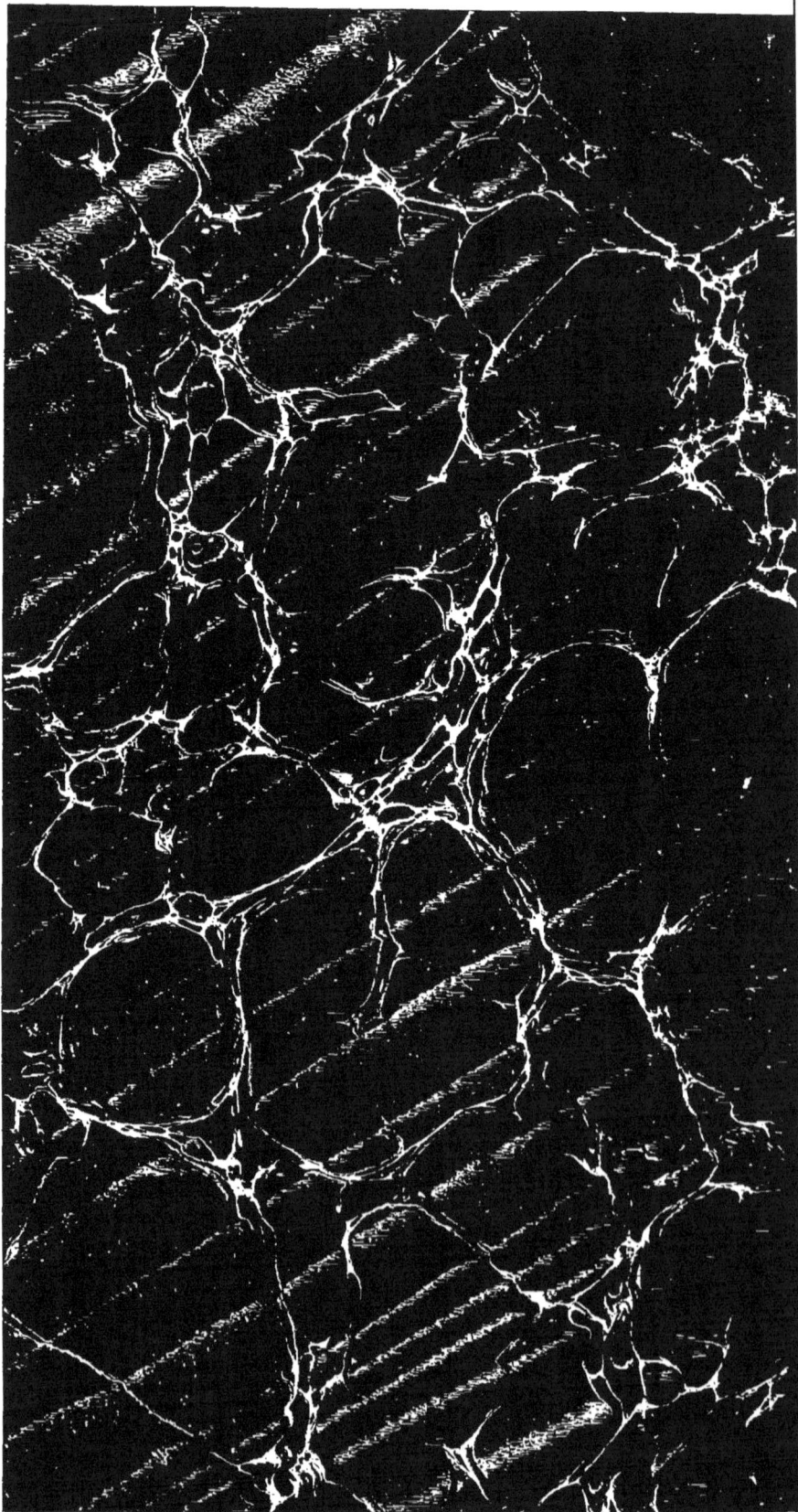

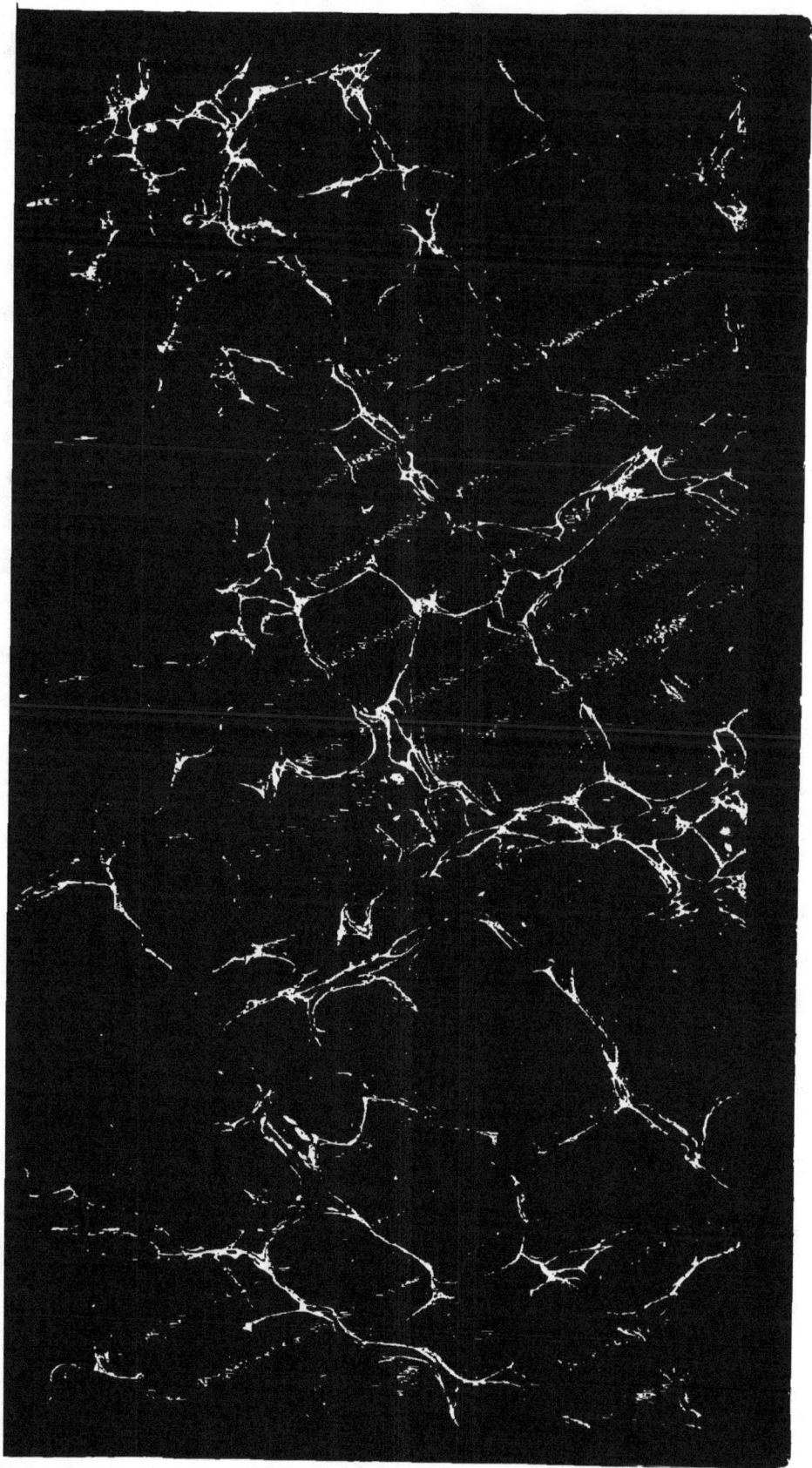

www.ingramcontent.com/pod-product-compliance
Lightning Source LLC
Chambersburg PA
CBHW071957090426
42740CB00011B/1978